Acesse
www.moderna.com.br/ac/livroportal
e siga as instruções para ter acesso
aos conteúdos exclusivos do
Portal e Livro Digital

CÓDIGO DE ACESSO:
A 00116 ARPLART 7 03370

Faça apenas um cadastro. Ele será válido para:

MODERNA   Richmond   SANTILLANA ESPAÑOL

12093273 ARIBA PLUS ARTE 7

CB058789

ARARIBÁ PLUS

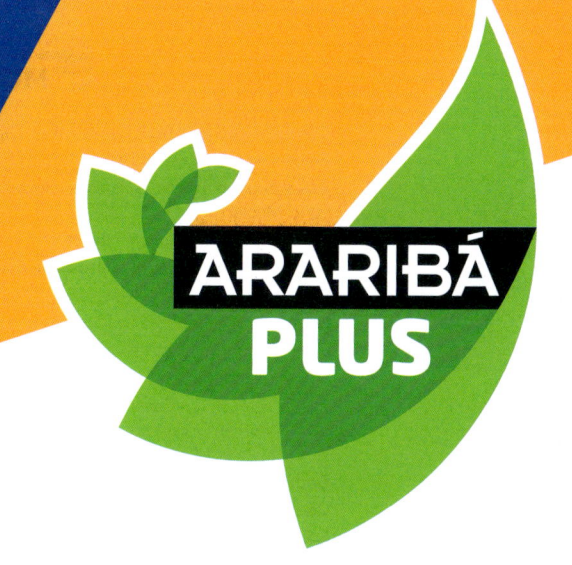

ARTE 7

Organizadora: Editora Moderna
Obra coletiva concebida, desenvolvida
e produzida pela Editora Moderna.

Editora Executiva:
Virginia Aoki

Livro acompanhado por um CD.

1ª edição

MODERNA

© Editora Moderna, 2014

MODERNA

Elaboração dos originais:

Denis Rafael Pereira
Licenciado em História pela Faculdade de Ciências e Letras da Fundação Municipal de Ensino Superior de Bragança Paulista (SP). Licenciado em Pedagogia pelo Centro Universitário de Araras "Dr. Edmundo Ulson". Foi assessor técnico-pedagógico da Prefeitura de Itatiba (SP). Foi coordenador pedagógico da Prefeitura de Itatiba (SP) e da rede Sesi-SP. Editor.

Amélia Natalina Constante Garcia
Mestre em Artes Visuais pela Universidade Estadual Paulista "Júlio de Mesquita Filho" (Unesp). Analista técnico educacional da rede Sesi-SP. Professora universitária.

Flávia Delalibera Iossi
Licenciada em Educação Artística, com habilitação em Artes Plásticas, pela Faculdade Santa Marcelina. Editora.

Francione Oliveira Carvalho
Bacharel em Artes Cênicas pela Faculdade de Artes do Paraná. Licenciado em Educação Artística, com habilitação na disciplina de Artes Cênicas, pelo Centro Universitário Belas Artes de São Paulo. Doutor em Educação, Arte e História da Cultura pela Universidade Presbiteriana Mackenzie. Pesquisador do Diversitas – Núcleo de Estudos das Diversidades, Intolerâncias e Conflitos da FFLCH/USP, onde realizou pós-doutoramento. Atua no Ensino Superior na formação de professores.

Luciane Bonace Lopes Fernandes
Licenciada em Educação Artística pelo Centro Universitário Belas Artes de São Paulo. Mestre em Estética e História da Arte pela Universidade de São Paulo (USP). Professora.

Marcelo Cabarrão Santos
Bacharel em Artes Cênicas pela Faculdade de Artes do Paraná. Licenciado em Artes pelo Centro Federal de Educação Tecnológica do Paraná. Professor e ator.

Maria Beatriz Nogueira
Licenciada em Educação Artística pela Fundação Armando Álvares Penteado (SP). Arte-educadora no ensino formal e informal das Artes Visuais. Formadora de professores. Artista.

Maria Clara Wasserman
Licenciada e bacharel em História pela Universidade Federal do Paraná. Especialista em História da Arte com ênfase em Música pela Escola de Música e Belas Artes do Paraná (Embap). Mestre em História pela Universidade Federal do Paraná. Professora do Ensino Fundamental e Médio.

Marina Balastreire Angelo
Licenciada e bacharel em Dança pela Universidade Estadual de Campinas (Unicamp). Mestre em Educação pela Universidade Estadual de Campinas (Unicamp). Professora da rede Sesi-SP.

Nilza Ruth da Silva
Licenciada em Educação Artística com habilitação em Artes Plásticas pela Faculdade de Belas Artes de São Paulo. Especialista em Arte e Educação pela Escola de Comunicações e Artes da Universidade de São Paulo (USP). Professora da Etec Getúlio Vargas (SP).

Paulo Veríssimo
Bacharel em Música pela Universidade Estadual Paulista "Júlio de Mesquita Filho" (Unesp). Mestre em Música pela Universidade Estadual Paulista "Júlio de Mesquita Filho" (Unesp). Músico e professor.

Renata de Oliveira Frederico
Licenciada em Educação Artística pela Universidade do Sagrado Coração. Instrumentista pela Universidade do Sagrado Coração. Mestre em Educação pela Universidade Federal de São Carlos. Professora de educação musical na Educação Infantil e no Ensino Fundamental. Professora universitária.

Coordenação editorial: Denis Rafael Pereira
Edição de texto: Denis Rafael Pereira, Flávia Delalibera Iossi
Assistência editorial: Guilherme Barboza Lima Alvarenga, Erik Teixeira dos Santos, Luísa Maciel
Preparação de texto: Denise Ceron
Coordenação de *design* e projetos visuais: Sandra Botelho de Carvalho Homma
Projeto gráfico: Daniel Messias, Everson de Paula, Rafael Mazzari
Capa: *Criação:* Sandra Botelho de Carvalho Homma
Produção e direção de arte: Everson de Paula
Finalização: Otávio dos Santos
Foto: Grupo Experimental de Música [GEM] se apresentando no Museu da Imagem e do Som (MIS) de São Paulo (SP), em 2014. Na foto é possível ver a instalação sonora *Dessintetizador*. © Vanderlei Yui/GEM
Coordenação de produção gráfica: Maria de Lourdes Rodrigues
Coordenação de arte: Maria Lucia F. Couto, Patricia Costa, Wilson Gazzoni Agostinho
Edição de arte: Rodolpho de Souza
Editoração eletrônica: Tangente Design
Coordenação de revisão: Elaine C. del Nero
Revisão: Afonso N. Lopes, Cárita Negromonte, Dirce Y. Yamamoto, Maristela S. Carrasco, Nancy H. Dias, Sandra G. Cortés, Viviane T. Mendes
Coordenação de pesquisa iconográfica: Luciano Baneza Gabarron
Pesquisa iconográfica: Aline Chiarelli, Daniela Baraúna, Vanessa Manna
Coordenação de *bureau*: Américo Jesus
Tratamento de imagens: Bureau SP, Arleth Rodrigues, Marina B. Mantovanni
Pré-impressão: Alexandre Petreca, Everton Luis, Fabio N. Precendo, Helio P. de Souza, Marcio Kamoto, Rubens M. Rodrigues, Vitoria Souza
Coordenação de produção industrial: Wilson Aparecido Troque
Impressão e acabamento: Coan Indústria Gráfica Ltda.
Lote: 236339

Dados Internacionais de Catalogação na Publicação (CIP)
(Câmara Brasileira do Livro, SP, Brasil)

Araribá plus : arte / obra coletiva concebida, desenvolvida e produzida pela Editora Moderna ; editora executiva Virginia Aoki. – 1. ed. – São Paulo : Moderna, 2014.

Obra em 4 v. para alunos do 6º ao 9º ano.
Bibliografia.

1. Arte (Ensino fundamental) I. Aoki, Virginia.

14-10692   CDD-372.5

Índices para catálogo sistemático:
1. Arte : Ensino fundamental   372.5

ISBN 978-85-16-09327-3 (LA)
ISBN 978-85-16-09328-0 (LP)

Reprodução proibida. Art. 184 do Código Penal e Lei 9.610 de 19 de fevereiro de 1998.
Todos os direitos reservados
EDITORA MODERNA LTDA.
Rua Padre Adelino, 758 – Belenzinho
São Paulo – SP – Brasil – CEP 03303-904
Vendas e Atendimento: Tel. (0_ _11) 2602-5510
Fax (0_ _11) 2790-1501
www.moderna.com.br
2018
Impresso no Brasil

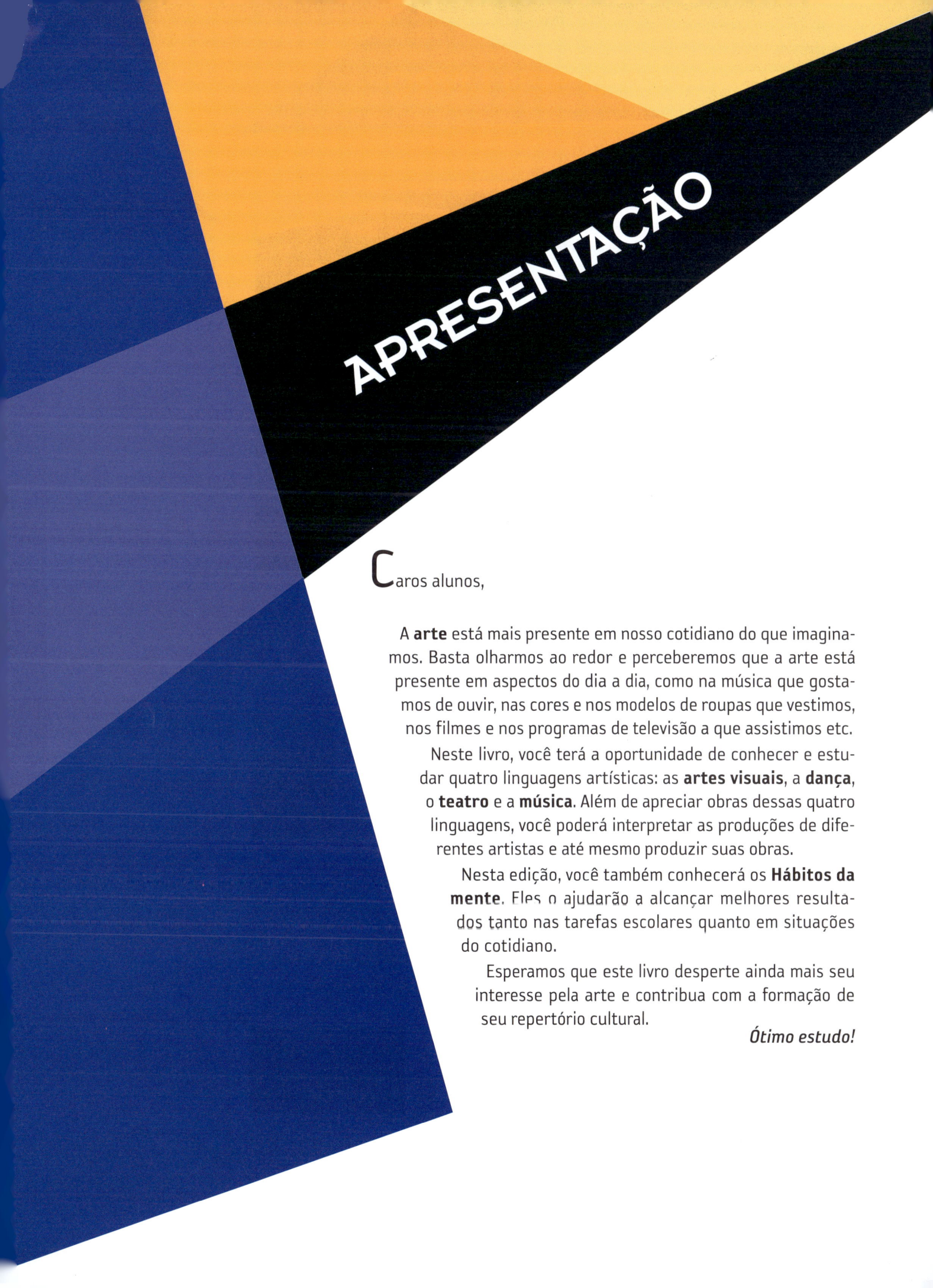

APRESENTAÇÃO

Caros alunos,

A **arte** está mais presente em nosso cotidiano do que imaginamos. Basta olharmos ao redor e perceberemos que a arte está presente em aspectos do dia a dia, como na música que gostamos de ouvir, nas cores e nos modelos de roupas que vestimos, nos filmes e nos programas de televisão a que assistimos etc.

Neste livro, você terá a oportunidade de conhecer e estudar quatro linguagens artísticas: as **artes visuais**, a **dança**, o **teatro** e a **música**. Além de apreciar obras dessas quatro linguagens, você poderá interpretar as produções de diferentes artistas e até mesmo produzir suas obras.

Nesta edição, você também conhecerá os **Hábitos da mente**. Eles o ajudarão a alcançar melhores resultados tanto nas tarefas escolares quanto em situações do cotidiano.

Esperamos que este livro desperte ainda mais seu interesse pela arte e contribua com a formação de seu repertório cultural.

Ótimo estudo!

CONHEÇA O SEU LIVRO

ABERTURA DE UNIDADE
No início de cada Unidade, você vai encontrar um pequeno texto e uma imagem relacionados aos assuntos que serão desenvolvidos.

As questões propostas em Começando a unidade convidam você a analisar a imagem de abertura e a ter um primeiro contato com os temas que serão estudados.

TEMAS
As unidades são divididas em temas que desenvolvem os conteúdos de modo claro e organizado.

DE OLHO NO TEXTO
Seção com diferentes tipos de texto e atividades que estimulam a leitura e a compreensão de texto.

ATIVIDADE PRÁTICA
Atividades de criação em que você poderá exercitar os conteúdos desenvolvidos na Unidade.

CD
Sinaliza o momento em que é necessário trabalhar com o conteúdo disponível no CD.

ATIVIDADE
Atividades que propõem momentos de reflexão e permitem a sistematização dos conteúdos desenvolvidos na Unidade.

BOXE
Textos que ampliam o conhecimento e estimulam a reflexão sobre os temas estudados.

DE OLHO NA OBRA

Seção que apresenta a análise de obras das diversas linguagens artísticas. Nessa seção, os conteúdos são abordados a partir de detalhes das imagens. Você também poderá encontrar atividades que dialogam com os conteúdos explorados na seção.

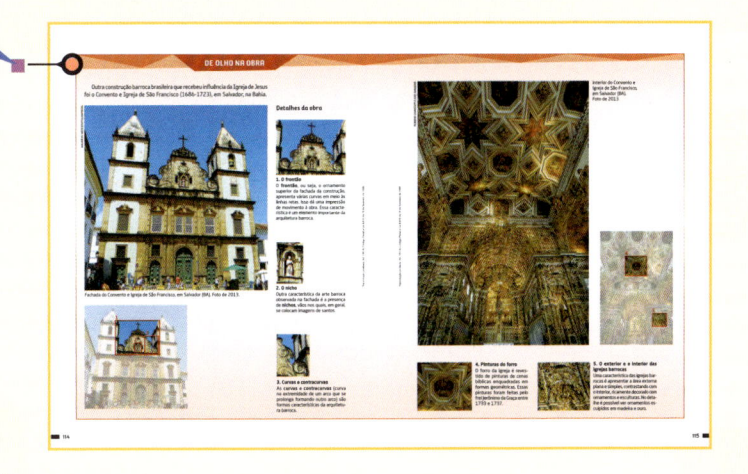

GLOSSÁRIO

No glossário você encontra explicações sobre as palavras destacadas no texto.

DIALOGANDO COM

Indica os conteúdos que podem ser trabalhados em parceria com outras disciplinas.

OBJETO DIGITAL

Indica que existem jogos, vídeos, atividades ou outros recursos no livro digital.

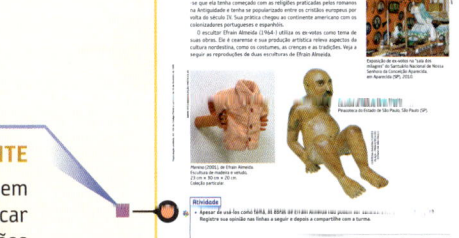

INDICAÇÕES

Sugestões de leituras, vídeos, *sites*, CDs e visitas a instituições culturais que complementam o conteúdo da Unidade.

HÁBITOS DA MENTE

Sinaliza atividades em que você vai praticar a busca de soluções inteligentes para desafios escolares e do dia a dia.

Ícones que indicam as atividades práticas

- Artes visuais
- Dança
- Teatro
- Música

O QUE SÃO OS HÁBITOS DA MENTE

Conheça 9 atitudes muito úteis para o seu dia a dia!

Os Hábitos da mente são comportamentos que nos ajudam a resolver tarefas, situações e desafios em todas as áreas da vida, inclusive no estudo da Arte!

No seu livro, cada hábito está identificado com uma cor.

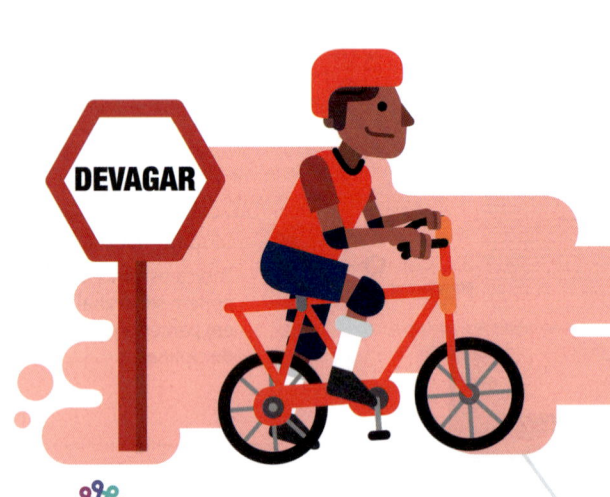

Controlar a impulsividade
Pense antes de agir. **Reflita** sobre os caminhos que pode escolher para resolver uma situação.

Persistir
Se a primeira tentativa para encontrar a resposta não der certo, **não desista**. Busque outra estratégia para resolver a questão.

Pensar com flexibilidade
Considere diferentes possibilidades para chegar à solução. Use os recursos disponíveis e dê asas à sua imaginação!

Escutar os outros com atenção e empatia
Dar atenção e escutar os outros é importante para se relacionar bem com as pessoas e pode ajudá-lo a resolver o problema!

Questionar e levantar problemas

Fazer as perguntas certas pode ser determinante para esclarecer suas dúvidas. Esteja alerta: indague, questione e levante problemas que possam ajudá-lo a compreender melhor o que está ao seu redor.

Esforçar-se por exatidão e precisão

Confira os dados do seu trabalho. Informação incorreta ou apresentação desleixada pode prejudicar a sua credibilidade e comprometer todo o seu esforço!

Assumir riscos com responsabilidade

Explore suas capacidades! Estudar é uma aventura, não tenha medo de ousar. Busque informação sobre os resultados possíveis, e você se sentirá mais seguro para arriscar um palpite!

Aplicar conhecimentos prévios a novas situações

Use o que você sabe! O que você já aprendeu pode ajudá-lo a entender o novo e a resolver até os maiores desafios.

Pensar e comunicar-se com clareza

Organize suas ideias e comunique-se com clareza. Quanto mais claro você for, mais fácil será estruturar um plano de ação para realizar seus trabalhos.

Ao final do livro, você poderá conhecer melhor os Hábitos da mente. Você verá também como avaliar seu desempenho no uso de cada um desses hábitos.

SUMÁRIO

UNIDADE 1 — A arte e o sagrado 14

TEMA 1 – O sagrado como tema para a arte 16
- O sagrado e seus símbolos 16
  - O Parque Indígena do Xingu, 16
- Os ex-votos e a arte 17
  - Os ex-votos na obra de Sante Scaldaferri, 18

TEMA 2 – O sagrado na arte popular 19
- A arte popular 19
  - As procissões no Brasil, 20
  - A religiosidade na América Latina, 20
  - A Festa do Divino, 21

TEMA 3 – Arte e religião na Idade Média 22
- O nascimento da arte cristã 22
- A arte românica 23
  - A arte dos mosaicos, 23
- As pinturas cristãs 24
- A arte gótica 25
  - A arte dos vitrais, 26
- A música cristã 27
- De olho no texto – "Notas musicais: quem inventou o nome?" 27
  - A monofonia e a polifonia, 28
  - A melodia, 28
- Indicações 29

UNIDADE 2 — Entre o sagrado e o profano 30

TEMA 1 – A dança e a música na Idade Média 32
- Um olhar sobre a vida do camponês 32
  - Danças camponesas, 33
- De olho na obra – *Batalha entre o Carnaval e a Quaresma* 34
- Da igreja para a praça 36
  - As serestas, 36

TEMA 2 – O sagrado e o profano no teatro 37
- *Auto da Compadecida* 37
- A obra de Ariano Suassuna, 38
- As adaptações, 38
- A origem do auto, 39
- **Indicações** 41

UNIDADE 3 | Uma nova visão de mundo | 42

TEMA 1 – A origem do balé 44
- **O balé cortesão** 44
- A arquitetura renascentista, 44
- **Da corte para os palcos** 45
- Degas e as bailarinas, 45
- O figurino e os movimentos no balé, 46
- A dança moderna, 46

TEMA 2 – Mudanças na forma de pensar e de fazer arte 47
- **Leonardo da Vinci: o mestre do Renascimento** 47
- Técnicas renascentistas na obra de Leonardo da Vinci, 48
- O *sfumato*, 49
- O claro-escuro no cinema, 49
- **De olho na obra** – *Escola de Atenas* 50
- O afresco e a têmpera, 52

TEMA 3 – O gosto pelo realismo 53
- **A escultura renascentista** 53
- A escultura, 53
- As formas realistas, 54
- O drapeado na produção de esculturas, 54
- **De olho na obra** – *Jovem compradora* 55

TEMA 4 – As academias e os museus de arte 56
- **O artista no Renascimento** 56
- Artista ou artesão?, 56
- **Da academia ao museu** 57
- O museu e seu acervo, 58
- Museu: espaço de aprendizagem, 58
- **Indicações** 59

UNIDADE 4 — Arte e emoção — 60

TEMA 1 – O olhar do artista 62
- O Atlas de Vik Muniz 62
- Releitura ou cópia?, 63
- As esculturas originais gregas, 63
- *As meninas* 64
- De Velázquez a Picasso, 65
- A desconstrução das formas na obra de Picasso, 65

TEMA 2 – A arte barroca 66
- O Barroco 66
- Arquitetura barroca, 66
- Apelo aos sentidos, 67
- De olho na obra – *Êxtase de Santa Teresa* 68

TEMA 3 – O encontro do teatro com a música 69
- *Carmen* 69
- A origem da ópera, 69
- Os cantores de ópera, 70
- Outras linguagens artísticas presentes na ópera, 70
- A orquestra, 71

TEMA 4 – A música barroca 72
- Vivaldi 72
- Bach 73
- João Carlos Martins: um intérprete de Bach, 74
- A música venceu, 74
- Indicações 75

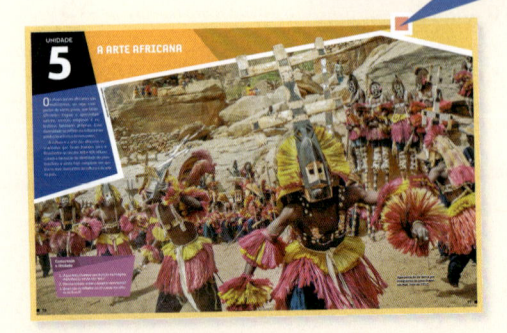

UNIDADE 5 — A arte africana — 76

TEMA 1 – A diversidade de ritmos e de sons africanos 78
- As danças tradicionais dos povos africanos 78
- O ritmo musical nas danças tradicionais africanas, 79
- Os tipos de instrumentos musicais, 79
- Quizomba, um ritmo de Angola 80
- De olho no texto – "Angola é aqui" 80

TEMA 2 – A produção visual africana 81
- **Uma produção rica e diversificada** 81
- **Tradição e arte contemporânea** 82
- **De olho na obra –** *As senhoritas de Avignon* 83

TEMA 3 – O teatro e a oralidade na África 84
- **O teatro de Wole Soyinka** 84
- Abdias Nascimento, 84
- **Griôs: os guardiões da história** 85

TEMA 4 – As influências africanas no Brasil 86
- **A herança cultural africana** 86
- As religiões afro-brasileiras e o sincretismo religioso, 87
- A intolerância religiosa, 87
- **A arte afro-brasileira** 88
- **De olho na obra –** *Bastidores* 89
- A cultura africana e afro-brasileira nos museus brasileiros, 90
- Emanoel Araújo, 90
- **Indicações** 91

UNIDADE 6

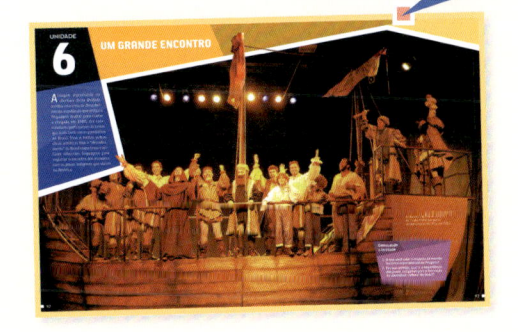

Um grande encontro   92

TEMA 1 – A cultura indígena 94
- **O encontro entre dois mundos** 94
- Pintura histórica, 95
- "Pindorama", 96
- Palavra Cantada, 96
- **Cultura ou culturas?** 97
- As escolas indígenas, 97

TEMA 2 – A arte indígena 98
- **A produção ceramista** 98
- Os grafismos na arte indígena, 99
- A arte kusiwa, 99
- As bonecas karajá, 100
- **De olho na obra –** *Diadema de plumas produzido pelo povo Kayapó* 101

TEMA 3 – As músicas e as danças indígenas 102
- **As cerimônias indígenas** 102
- A "casa dos solteiros", 102
- **Instrumentos musicais indígenas** 103
- Grupo Experimental de Música (GEM), 103

TEMA 4 – Jogos e brincadeiras indígenas 105
- **Atividade recreativa no Xingu** 105
- Brinquedos indígenas, 106
- **Indicações** 107

UNIDADE 7 — Arte e catequização   108

TEMA 1 – As missões 110
- **São Miguel das Missões** 110
- Os Guarani, 110
- *Novas floras do Sul*, 111

TEMA 2 – As heranças europeias 112
- **A ação dos jesuítas** 112
- A arte como instrumento de catequização, 113
- As esculturas missioneiras, 113
- **De olho na obra –** *Fachada do Convento e Igreja de São Francisco* 114

TEMA 3 – O teatro religioso 116
- **O auto como instrumento de catequização** 116
- **A obra de Anchieta** 116
- O teatro de Gil Vicente, 117
- O caráter moralizante dos autos, 118
- **Indicações** 119

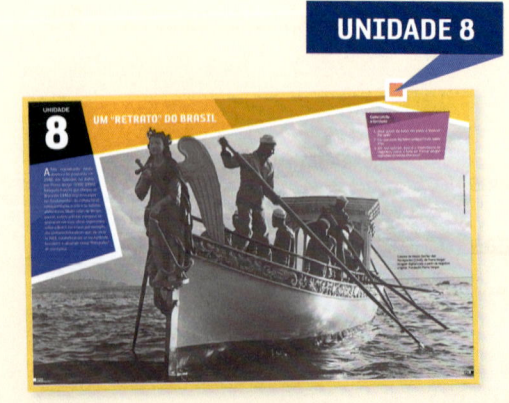

UNIDADE 8 — Um "retrato" do Brasil   120

TEMA 1 – Um retrato da Bahia 122
- **Pierre Verger** 122
- **A religiosidade baiana nas produções de Verger** 123
- A cultura baiana cantada em verso e prosa, 124
- **De olho no texto –** "As baianas do acarajé" 125

TEMA 2 – Registros do "Novo Mundo" 126
- **Os artistas viajantes** 126
- **Frans Post e a pintura de paisagem** 127
- **De olho na obra –** *Engenho de açúcar* 128
- **A obra de Albert Eckhout** 130
- Os retratos de Eckhout, 131
- **De olho na obra –** *Dança Tapuya* 132
- O autorretrato, 134
- **Indicações** 135

UNIDADE 9 — Samba e identidade cultural — 136

TEMA 1 – O samba e suas origens 138
- **A mistura de ritmos** 138
- **O samba de roda** 139
- Edith do Prato, 140
- **O samba no Rio de Janeiro** 141
- Os primeiros sambas gravados, 142

TEMA 2 – As escolas de samba 143
- **A origem** 143
- O sambódromo, 144
- **Uma "ópera" popular** 146
- A música nos desfiles de escola de samba, 147
- O teatro e a dança, 148
- As coreografias das comissões de frente, 148
- **Censura no Carnaval** 149
- **De olho no texto –** "O povo gosta de luxo. Quem gosta de miséria é intelectual" 150
- **Indicações** 151

Referências bibliográficas 152

Hábitos da mente 153

UNIDADE 1

A ARTE E O SAGRADO

FABIO COLOMBINI

Perguntas como "de onde viemos?" e "para onde vamos?" sempre intrigaram os seres humanos. Para encontrar respostas a essas perguntas, muitas pessoas imaginam que pode existir algo além das manifestações da natureza e tentam entrar em contato com o sobrenatural, que chamamos de mágico ou sagrado. O ritual realizado pelo grupo de indígenas da etnia Kalapalo que aparece na foto desta abertura é um exemplo dessa relação.

Começando a Unidade

1. Que elementos da foto evidenciam que se trata de um ritual?
2. O que você sabe a respeito das crenças dos povos indígenas que vivem no Brasil?
3. Em sua opinião, é possível estabelecer alguma relação entre arte e sagrado?

Grupo indígena da etnia Kalapalo durante o *Kuarup*, na aldeia Aiha. Parque Indígena do Xingu (MT), 2011.

TEMA 1

O sagrado como tema para a arte

A ligação com o sagrado faz parte da vida dos seres humanos e está presente em diferentes culturas.

O sagrado e seus símbolos

O *Kuarup* é uma homenagem aos mortos realizado pela maior parte dos grupos indígenas que vivem no Parque Indígena do Xingu, no estado de Mato Grosso. A origem do *Kuarup* está relacionada com a forma como os indígenas daquela região acreditam que a humanidade tenha sido criada.

O *Kuarup* integra indígenas de diferentes aldeias e é composto de várias atividades, como danças, orações e lutas. Nessas atividades, os indígenas fazem pratos especiais, pintam o corpo e tocam músicas com instrumentos como as **uruás** (longas flautas feitas de bambu) para simbolizar e manifestar suas crenças. Ouça na faixa 01 do CD o som da flauta uruá.

Membros da etnia Kalapalo tocando uruás durante o *Kuarup*. Parque Indígena do Xingu (MT), 2011.

O Parque Indígena do Xingu

O Parque Indígena do Xingu, localizado ao norte do Mato Grosso, foi fundado em 1961 para abrigar e proteger os povos indígenas ameaçados pela frente colonizadora nacional.

O parque abriga mais de uma dezena de etnias – entre elas Wauja, Kaiabi, Ikpeng, Yudja, Trumai, Matipu, Nahukuá, Kamaiurá, Yawalapiti, Mehinako, Kalapalo, Aweti e Kuikuro –, constituindo um símbolo de diversidade social.

Atividade

- Reúna-se com quatro colegas e façam uma pesquisa sobre rituais realizados por grupos indígenas que vivem no Brasil. Vocês devem pesquisar aspectos como as crenças envolvidas e as origens dos rituais. No dia agendado pelo professor, apresentem aos colegas os resultados da pesquisa.

Questão

- Em sua opinião, por que é importante fortalecer a identidade étnica e cultural dos povos que vivem no Xingu?

Os ex-votos e a arte

Uma das mais tradicionais manifestações religiosas e artísticas da cultura popular brasileira são os **ex-votos**: estatuetas, pinturas, fotografias e demais objetos colocados em igrejas e capelas como agradecimento por um favor concedido por uma divindade ou santo. Em geral, os ex-votos estão relacionados a curas e, por isso, os objetos muitas vezes são esculturas de cera representando partes do corpo.

A tradição dos ex-votos está presente em diversas culturas. Acredita-se que ela tenha começado com as religiões praticadas pelos romanos na Antiguidade e tenha se popularizado entre os cristãos europeus por volta do século IV. Sua prática chegou ao continente americano com os colonizadores portugueses e espanhóis.

O escultor Efrain Almeida (1964-) utiliza os ex-votos como tema de suas obras. Ele é cearense e sua produção artística releva aspectos da cultura nordestina, como os costumes, as crenças e as tradições. Veja a seguir as reproduções de duas esculturas de Efrain Almeida.

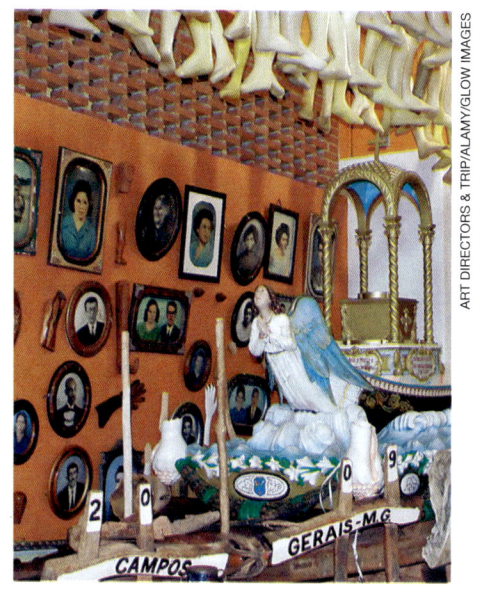

Exposição de ex-votos na "sala dos milagres" do Santuário Nacional de Nossa Senhora da Conceição Aparecida, em Aparecida (SP), 2010.

Sem título (2007), de Efrain Almeida. Escultura de madeira, 20 cm × 23 cm × 11 cm. Pinacoteca do Estado de São Paulo, São Paulo (SP).

Menino (2001), de Efrain Almeida. Escultura de madeira e veludo, 23 cm × 30 cm × 20 cm. Coleção particular.

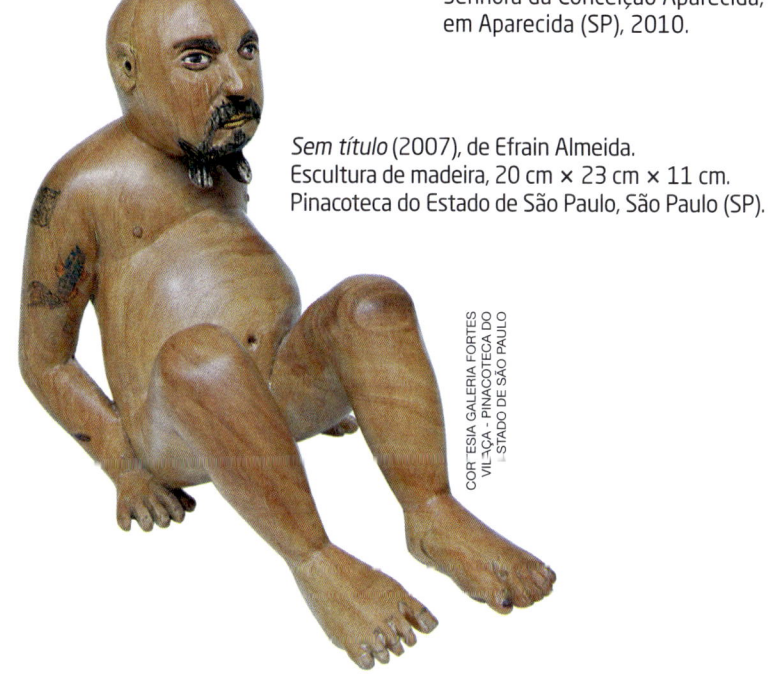

Atividade

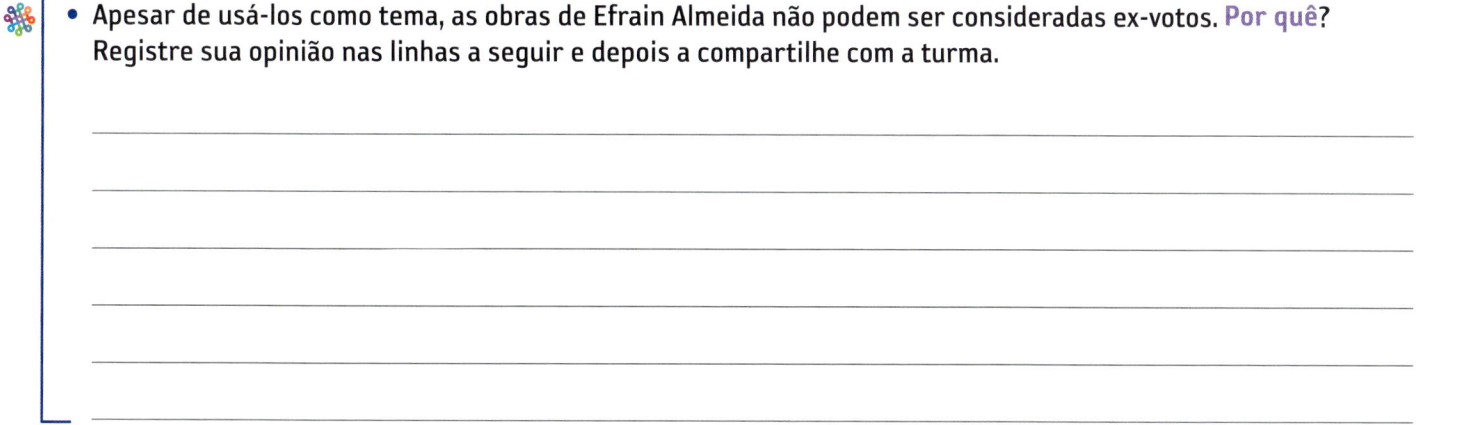

- Apesar de usá-los como tema, as obras de Efrain Almeida não podem ser consideradas ex-votos. Por quê? Registre sua opinião nas linhas a seguir e depois a compartilhe com a turma.

Os ex-votos na obra de Sante Scaldaferri

Sante Scaldaferri (1928-) é um artista contemporâneo brasileiro que tem a cultura popular nordestina como uma de suas fontes de inspiração. Nascido em Salvador, na Bahia, Sante Scaldaferri estudou na Escola de Belas-Artes da Universidade Federal da Bahia (UFBA) e logo se tornou um dos ícones do cenário cultural baiano. Além de artista plástico, Sante Scaldaferri também atuou no cinema. Ele fez a cenografia e participou como ator de vários filmes do **Cinema Novo**, movimento cinematográfico surgido no Brasil na década de 1950.

A tradição dos ex-votos está presente na produção artística de Sante Scaldaferri desde o final da década de 1950 e pode ser vista na obra reproduzida nesta página.

Os ex-votos contemplam a mão e a contramão (1998), de Sante Scaldaferri. Encáustica sobre tela com acoplamento de bonecas de tecido, 100 cm × 100 cm. Coleção particular.

Na obra *Os ex-votos contemplam a mão e a contramão*, Sante Scaldaferri utilizou a chamada **técnica mista**, que é composta de diferentes procedimentos e materiais. Para produzir as imagens que vemos ao fundo da tela, por exemplo, o artista utilizou a **encáustica**, técnica de pintura em que são usados pigmentos coloridos diluídos em cera quente. Para concluir sua composição, Sante Scaldaferri acrescentou objetos (bonecos de tecido) à imagem de fundo.

Atividade

- Em sua opinião, qual seria a intenção de Sante Scaldaferri ao utilizar bonecos de tecido para compor a obra reproduzida nesta página? Registre suas impressões nas linhas a seguir e depois as compartilhe com os colegas.

TEMA 2

O sagrado na arte popular

A arte popular revela traços culturais dos povos que participaram da formação da identidade cultural do Brasil.

A arte popular

Chamamos de **arte popular** a produção artística vinculada às tradições do povo, criada geralmente por pessoas que, na maior parte dos casos, não frequentaram uma escola de arte. Muitos artistas populares utilizam as técnicas aprendidas com os familiares ou membros da comunidade da qual fazem parte.

Os temas mais recorrentes na produção popular são os símbolos da comunidade, geralmente uma mistura variada de religião, festas, ritos, diversões, costumes e trabalho. É o caso da escultura reproduzida abaixo.

De olho na imagem

Conheça mais obras de arte populares.

Atividade

- Observe a obra reproduzida nesta página e responda, em seu caderno, às questões a seguir.

    a. Qual é a cena representada na escultura? Descreva-a.

    b. Que sensações ela despertou em você?

Escultura exposta no Museu do Cangaço, em Triunfo (PE). Foto de 2010.

A religiosidade na América Latina

Os países da América Latina são marcados por tradições indígenas, muitas delas destruídas ao longo do processo de colonização, que impôs línguas e hábitos europeus e a religião cristã. Nesse contexto, a figura da Virgem Maria ganhou destaque e se tornou símbolo de fé e de sincretismo religioso. Em muitos países latino-americanos, a Virgem Maria é representada com traços indígenas e africanos por artistas populares.

Nossa Senhora de Guadalupe é a padroeira do México e Nossa Senhora da Conceição Aparecida, do Brasil. Além delas, há na América Latina mais de 20 padroeiras.

Artista produzindo escultura em São João del Rei (MG), 2011.

GLOSSÁRIO

Círio: grande vela de cera.

As procissões no Brasil

As **procissões** são rituais religiosos em que um grupo de pessoas percorre trajetos predeterminados, cantando, rezando e levando imagens de santos em destaque. Trata-se de uma tradição muito antiga que se popularizou entre os cristãos da Europa ocidental durante a Idade Média.

Entre as procissões mais populares do Brasil, destaca-se a do Círio de Nossa Senhora de Nazaré, ou simplesmente Círio de Nazaré, realizada em Belém, no Pará, todos os anos.

Essa procissão acontece no segundo domingo de outubro. Nesse dia, milhares de pessoas saem às ruas e acompanham a imagem de Nossa Senhora de Nazaré, padroeira do Pará. Ao longo do trajeto, os fiéis se esforçam para tocar um imenso cordão de sisal que, partindo da imagem, estende-se por mais de 400 metros. Incorporado em 1868 à procissão, o cordão é hoje um dos símbolos mais importantes da festa.

Multidão acompanhando o cordão no Círio de Nazaré, em Belém (PA), 2012.

Atividades

1. Você sabe qual é a origem da devoção a Nossa Senhora de Nazaré no Brasil? Registre suas ideias nas linhas a seguir.

___

___

___

2. Na cidade ou na região em que você vive, há alguma manifestação popular tradicional como o Círio de Nazaré? Converse com os colegas sobre essa manifestação.

A Festa do Divino

A **Festa do Divino Espírito Santo**, também conhecida como **Festa do Divino**, é uma das mais importantes celebrações religiosas do Brasil. Ela é realizada em todo o país durante sete semanas após a Páscoa. Assim como o Círio de Nazaré, a Festa do Divino foi introduzida no Brasil pelos colonizadores portugueses. Na cidade de Pirenópolis, em Goiás, essa festa é realizada desde 1819. Assim como em outras cidades brasileiras, em Pirenópolis, o evento começa com a busca de donativos para a festa. Um grupo de foliões sai pela região levando a bandeira do Divino, cujo símbolo é uma pomba branca. Os foliões são recebidos com festa pelos moradores da região, e a bandeira é levada para dentro das casas para abençoá-las.

Outro momento da festa é a composição do Império do Divino, quando são escolhidas as pessoas que representarão o imperador e sua corte, que simbolizam a Coroa portuguesa.

Além dos elementos tradicionais, como a bandeira e o Império do Divino, a festa em Pirenópolis apresenta as **cavalhadas**, encenações de batalhas medievais entre cristãos e mouros.

Em 2012, o Instituto do Patrimônio Histórico e Artístico Nacional (Iphan) reconheceu a Festa do Divino de Pirenópolis como bem integrante do patrimônio cultural.

> **GLOSSÁRIO**
>
> **Mouro:** membro de grupo árabe, praticante do Islamismo, que conquistou quase toda a Península Ibérica entre 711 e 1492.

Imagem sacra representando o Espírito Santo na Festa do Divino em Piracicaba (SP). Foto de 2010.

Participantes da cavalhada na Festa do Divino em Pirenópolis (GO). Foto de 2007.

TEMA 3

Arte e religião na Idade Média

O Cristianismo se impôs na Europa durante a Idade Média (séculos V a XV) e influenciou fortemente a arte e a cultura.

O nascimento da arte cristã

Atualmente, o Cristianismo é uma das religiões com o maior número de seguidores em todo o mundo. Na Antiguidade, no entanto, os primeiros seguidores dessa religião eram poucos e sofriam perseguição por parte do Império Romano. Para se proteger e realizar cultos, os seguidores da então nova religião, muitas vezes, escondiam-se em catacumbas, sepulturas construídas no subsolo. Nessas catacumbas, os primeiros cristãos produziam pinturas em que representavam símbolos cristãos e passagens bíblicas. Nesse momento nasceu a chamada **arte cristã**.

Dialogando com História

Detalhe de afresco na Catacumba de São Calixto, em Roma, Itália. Século III.

Interior da Basílica de Santa Sabina, em Roma, Itália. Foto de 2012. Essa basílica foi construída entre os anos 422 e 432.

No ano 313, o imperador romano Constantino (c.272-337) converteu-se ao Cristianismo e permitiu sua prática no Império Romano. Em 380, o Cristianismo tornou-se a religião oficial do Império Romano. Os primeiros templos cristãos traziam em sua construção influências da arquitetura grega e romana. Veja a foto a seguir.

Igreja de São Martinho de Fromista, em Palência, Espanha. Foto de 2012. Essa igreja em estilo românico foi construída no século XI.

A arte românica

Para demonstrar seu poder na Europa Ocidental entre os séculos XI e XII, a Igreja Católica recuperou elementos da arte romana na arquitetura e na pintura. As obras produzidas com esses elementos são chamadas de **românicas**.

A arquitetura românica caracteriza-se pela construção de igrejas grandes e sólidas, em geral, feitas de alvenaria. As paredes dessas igrejas, normalmente, são maciças e robustas e têm pequenas aberturas usadas como janelas.

Como podemos ver na foto desta página, as igrejas românicas possuíam poucas janelas. Esse fato revela o desejo de isolar o espaço interno do mundo exterior.

O arco formando uma semicircunferência é uma das características das construções românicas.

A arte dos mosaicos

Durante o século VI, quando o Cristianismo estava se firmando e se destacando na Europa, a cidade de Constantinopla (atual Istambul), capital do Império Romano do Oriente, tornou-se símbolo da **arte bizantina** – o antigo nome da cidade era Bizâncio; por isso, esse estilo artístico ficou conhecido como bizantino. A arte bizantina expressava a autoridade e a riqueza dos imperadores romanos e da Igreja.

Na arte bizantina, os **mosaicos** eram muito apreciados. A técnica de mosaico consiste em unir fragmentos de pedra, vidro ou cerâmica de diferentes consistências e cores em uma superfície plana, formando-se figuras.

Detalhe de mosaico na Igreja de Santa Sofia, Istambul, Turquia, feito no século XIII. Foto de 2009.

As pinturas cristãs

Na pintura, houve um resgate da produção de **afrescos**, técnica que consiste na criação de imagens em uma parede úmida (fresca) – daí o nome *afresco*. A inspiração para esses murais eram as **iluminuras**, pinturas decorativas aplicadas sobre os livros religiosos produzidos nos conventos.

Como na Idade Média poucos tinham acesso à escolarização – apenas um pequeno grupo sabia ler e escrever –, os afrescos, os mosaicos, os vitrais e outras obras de arte visuais tinham uma função **narrativa**, pois as imagens produzidas pelos artistas eram como "textos" que podiam ser lidos e compreendidos por todos. Essas obras também tinham função **didática**, pois difundiam os valores morais e éticos da sociedade da época.

Detalhe de iluminura de Fra Angélico publicada em missal de c. 1425. Museu Nacional de São Marcos, Florença, Itália. O missal é um pequeno livro com as principais orações da missa.

Detalhe de afresco do século XII, pintado na Igreja de São Clemente de Taüll, na Catalunha, Espanha. Atualmente esse afresco encontra-se no Museu Nacional de Arte da Catalunha, em Barcelona, Espanha.

A arte gótica

A **arte gótica** estabeleceu-se em meados do século XII e revolucionou a arquitetura europeia. As igrejas góticas eram muito altas, com torres que apontavam para o céu. Tais construções eram decoradas com **vitrais**, vidraças feitas com pedaços de vidro colorido combinados para formar imagens.

Outro elemento fundamental e característico das construções góticas é o **arco ogival**, composto de dois arcos que se encontram em forma de lança. Com o arco ogival, a estrutura da construção tem maior capacidade de sustentação do peso, possibilitando a elevação do teto.

Para saber mais

Arquitetura medieval.

Dialogando com Matemática

Fachada da Catedral de Reims, França. Foto de 2013. Essa catedral gótica foi construída entre os anos 1211 e 1311.

Interior da Catedral de Reims. Foto de 2013.

Atividade

- Que diferença entre as construções românica e gótica você achou mais interessante? Por quê?

A arte dos vitrais

Com a construção dos vitrais, a luminosidade interior aumentava. Além disso, os efeitos da luz natural eram explorados artisticamente.

Nas construções góticas, os vitrais representavam cenas bíblicas ou da vida dos santos. As cores das peças de vidro eram obtidas por meio da adição de substâncias químicas à massa de vidro.

Interior da Sainte-Chapelle, em Paris, França. Foto de 2012. Essa capela gótica foi construída no século XIII.

Atividade prática

- Reúna-se com quatro colegas e produzam um "vitral". Vejam os materiais de que vão precisar e os procedimentos que deverão seguir para fazer a atividade.

Materiais
- Papel *color set* preto
- Lápis
- Régua
- Tesoura
- Cola
- Pedaços de papel-celofane coloridos

Procedimentos

1. Façam um desenho no papel *color set*.

2. Recortem o desenho de modo que o papel fique vazado.

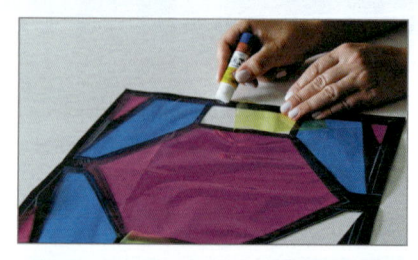

3. Cortem pedaços do papel-celofane e colem-nos na parte de trás do *color set*.

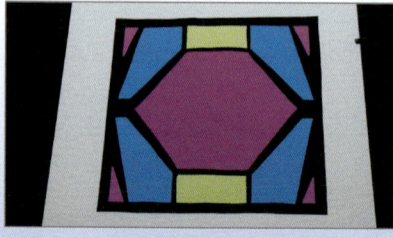

4. Exponham o "vitral" em uma janela ou outro local da escola em que haja entrada de luz.

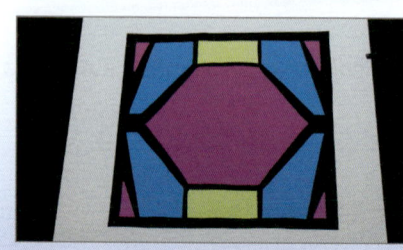

A música cristã

Na igreja cristã primitiva, as canções entoadas tinham diversas origens: reuniam elementos de músicas judaicas e de canções profanas de outras culturas, como a grega e a romana. De muitas dessas canções, foram conservadas apenas as letras, ou seja, o registro em poemas, pois as melodias perderam-se no tempo.

Algum tempo depois, os monges católicos passaram a registrar as melodias em pergaminhos, que, muitas vezes, eram ilustradas com iluminuras.

Nos primeiros séculos da igreja cristã, os fiéis participavam dos cultos cantando, batendo palmas, dançando discretamente ou tocando algum instrumento. A partir do século V, com a expansão do Cristianismo, a Igreja procurou uniformizar o culto e o papa Gregório I (540-604) determinou que em todos os cultos deveriam ser tocadas as mesmas músicas. Nessa época, a igreja proibiu a execução de instrumentos musicais nas cerimônias religiosas, determinando que as canções deveriam ser apresentadas apenas com a voz – considerada uma criação divina.

Jean Miélot em seu scriptorium (1456), de Jean Le Tavernier. Iluminura, 39 cm × 29 cm. Biblioteca Nacional da França, Paris.

GLOSSÁRIO

Judaico: relativo ao Judaísmo, religião que antecedeu o Cristianismo e ainda hoje é praticada pelos judeus.
Profano: que não é religioso.

DE OLHO NO TEXTO

Notas musicais: quem inventou o nome?

"[...] Foi o monge beneditino Guido de Arezzo [...] quem inventou a denominação das notas musicais que se consagrou a partir do século XII – e, por conta disso, ele é considerado o pai da música. [...]

Para criar os nomes das notas, ele tomou a primeira sílaba de cada verso de um hino de louvor a São João Batista: 'Ut queant laxis / Resonare fibris / Mira gestorum / Famuli tuorum / Solve polluti / Labii reatum / Sancte Iohannes'. A tradução é algo como: 'Para que teus servos / Possam, das entranhas / Flautas ressoar / Teus feitos admiráveis / Absolve o pecado / Desses lábios impuros / Ó São João'.

No século XVII, houve a troca de 'ut' por 'dó', provavelmente por conta da dificuldade de pronúncia do primeiro. O 'si' nasceu da abreviação de 'sancte Iohannes', ou São João em português."

MIRANDA, Celso. Notas musicais: quem inventou o nome? *Aventuras na História*. São Paulo: Abril, 1º jan. 2005. Disponível em: <http://guiadoestudante.abril.com.br/aventuras-historia/notas-musicais-quem-inventou-nome-434341.shtml>. Acesso em: 26 maio 2014.
CELSO MIRANDA/Abril Comunicações S/A.

Questões

1. O que inspirou o monge Guido de Arezzo na escolha do nome de cada nota musical?
2. Por que foi importante dar nome para as notas musicais?
3. Em sua opinião, o que motiva as invenções humanas?

Ut queant laxis
Resonare fibris
Mira gestorum
Famuli tuorum
Solve polluti
Labii reatum
Sancte Iohannes

Ilustração com a origem do nome das notas musicais.

A monofonia e a polifonia

O **canto gregoriano** é um gênero musical característico dos rituais católicos. Criado na Idade Média, recebeu esse nome em homenagem ao papa Gregório I.

O canto gregoriano é um estilo musical com apenas um tipo de voz e de caráter sereno e calmo. Para obter esse resultado, há poucas variações de som: não há grandes saltos, nem intervalos muito espaçados entre as notas. Constituído por apenas uma melodia, o canto gregoriano é classificado como música **monofônica**. Ouça a faixa 02 do CD e tente perceber essas características.

Monges apresentando canto gregoriano no Mosteiro de São Bento, em São Paulo (SP). Foto de 2001.

Com o passar do tempo, os músicos cristãos passaram a compor músicas que reuniam mais de uma melodia, chamadas de **polifônicas**. Nas músicas polifônicas vários cantos soam ao mesmo tempo e se combinam. Com o desenvolvimento da música polifônica, a escrita musical tornou-se mais precisa e o ritmo passou a ser registrado nas partituras. Ouça a faixa 03 do CD para compreender a diferença entre monofonia e polifonia.

A melodia

Em música, chamamos de **melodia** uma sequência de sons que são ouvidos ou tocados um depois do outro, criando um **sentido musical**. A melodia é um dos elementos mais característicos da música. Por essa razão, ao pensar em uma música, geralmente nos lembramos de sua melodia.

INDICAÇÕES

Para acessar

- **Almanaque Socioambiental Parque Indígena do Xingu.** Disponível em: <www.socioambiental.org/sites/blog.socioambiental.org/files/publicacoes/10380_0.pdf>. Acesso em: 26 jun. 2014.

Nesse *site*, é possível obter informações sobre a criação do Parque Indígena do Xingu e sobre os povos que vivem nele. O almanaque traz informações sobre a formação do parque e sua importância para o fortalecimento da identidade ética e cultural dos povos indígenas que vivem na região.

- **Dossiê Iphan – Círio de Nazaré.** Disponível em: <http://portal.iphan.gov.br/portal/baixaFcdAnexo.do?id=3651>. Acesso em: 14 out. 2014.

Por meio desse *link* é possível obter informações sobre as origens e as tradições do Círio de Nazaré. Essa festividade foi reconhecida pelo Iphan como patrimônio cultural do Brasil em 2004.

- **Galeria Fortes Vilaça – Efrain Almeida.** Disponível em: <www.fortesvilaca.com.br/artistas/efrain-almeida>. Acesso em: 25 jun. 2014.

Nesse *site*, é possível acessar obras do artista Efrain Almeida que se encontram na galeria Fortes Vilaça, em São Paulo (SP). No endereço eletrônico da galeria também possível conhecer obras de diversos outros artistas contemporâneos do Brasil.

- **Visita virtual ao mosteiro de São Bento de São Paulo.** Disponível em: <www.mosteiro.org.br/index2.php?pg=Visita_Virtual.php>. Acesso em: 25 jun. 2014.

Nesse *link* é possível fazer uma visita virtual às instalações do Mosteiro de São Bento, em São Paulo (SP), instituição com mais de 400 anos e reconhecida pelas apresentações de canto gregoriano.

Para acessar e visitar

- **Museu Casa do Pontal**

Endereço virtual: <www.museucasadopontal.com.br/>. Acesso em: 25 jun. 2014.

Endereço físico: Estrada do Pontal, 3295, Recreio dos Bandeirantes. CEP: 2785-580. Rio de Janeiro (RJ).

O Museu Casa do Pontal é considerado o maior museu de arte popular do Brasil. O *site* possibilita o acesso a mais de oitocentas peças de arte popular do acervo do museu. Também é possível assistir a vídeos diversos e acessar artigos e documentos sobre a cultura popular.

- **Museu do Índio**

Endereço virtual: <http://www.museudoindio.gov.br/>. Acesso em: 14 out. 2014.

Endereço físico: Rua das Palmeiras, 55, Botafogo. CEP: 22270-070. Rio de Janeiro (RJ).

O Museu do Índio é uma instituição mantida pela Fundação Nacional do Índio (Funai) e objetiva a preservação do patrimônio cultural indígena. No *site* é possível realizar uma visita virtual e conhecer parte do acervo.

Para ler

- **Festas e tradições**, de Nereide Schilaro Santa Rosa. São Paulo: Moderna, 2001. (Artes e raízes).

Nesse livro, a autora apresenta diversas festividades tradicionais de várias localidades do Brasil. Ela destaca as origens e a importância dessas festividades.

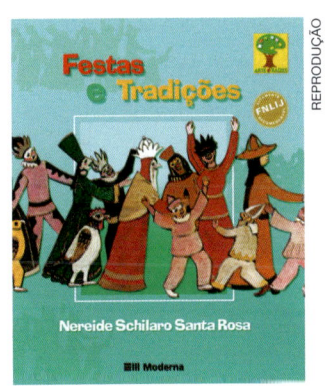

- **Mavutsinim e o *Kuarup***, de Rosana Rios. São Paulo: SM Edições, 2008. (Coleção Contos do mundo).

O livro utiliza uma linguagem simples e clara para contar a origem da humanidade segundo a tradição dos Kamaiurá, um dos povos que vivem no Parque Indígena do Xingu. Para esse povo, Mavutsinim é o herói fundador responsável por oferecer a condição humana aos seres da natureza.

UNIDADE 2
ENTRE O SAGRADO E O PROFANO

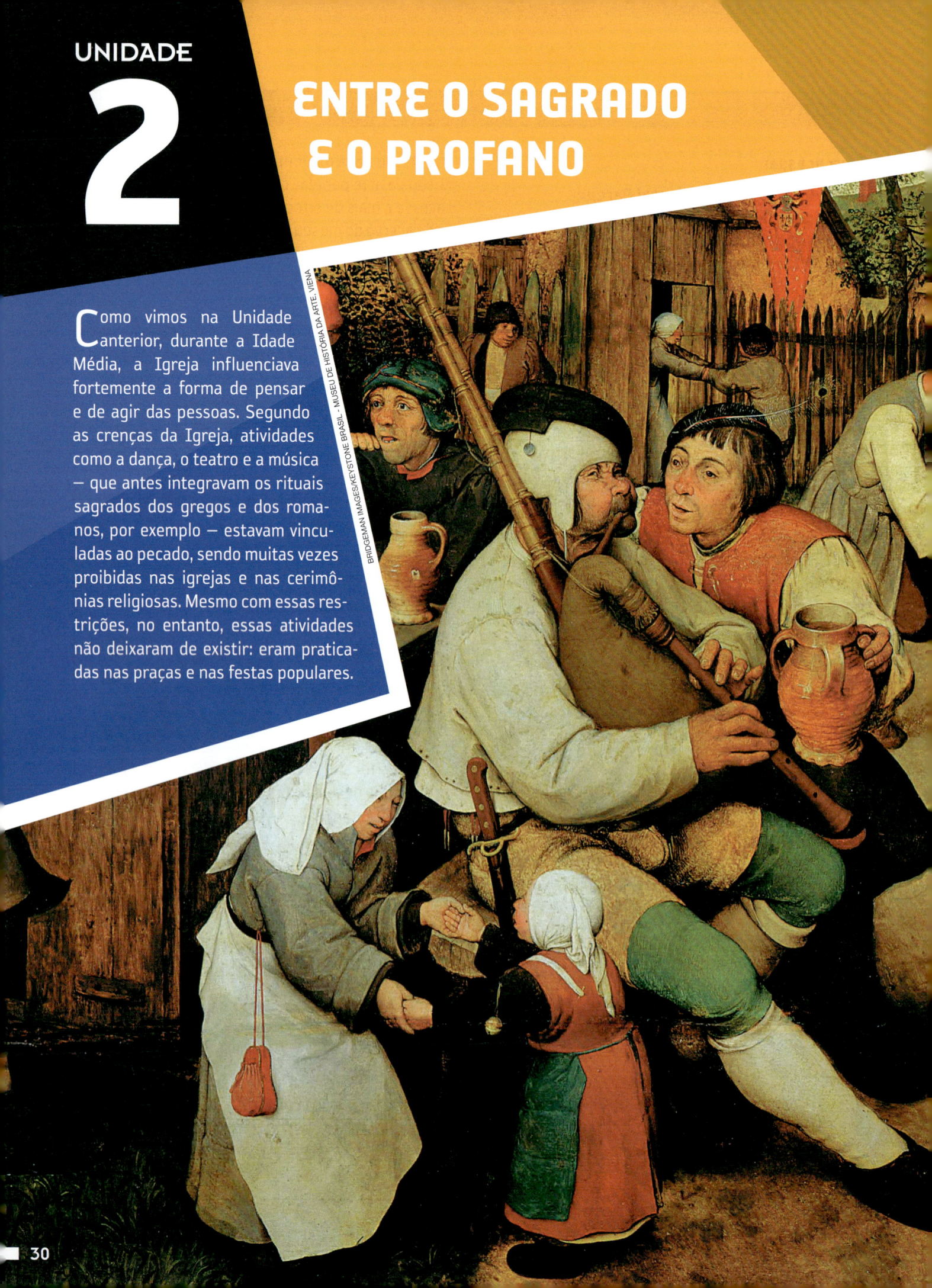

Como vimos na Unidade anterior, durante a Idade Média, a Igreja influenciava fortemente a forma de pensar e de agir das pessoas. Segundo as crenças da Igreja, atividades como a dança, o teatro e a música — que antes integravam os rituais sagrados dos gregos e dos romanos, por exemplo — estavam vinculadas ao pecado, sendo muitas vezes proibidas nas igrejas e nas cerimônias religiosas. Mesmo com essas restrições, no entanto, essas atividades não deixaram de existir: eram praticadas nas praças e nas festas populares.

Dança dos camponeses (c. 1568), de Pieter Bruegel. Óleo sobre madeira, 114 cm × 164 cm. Museu de História da Arte, Viena, Áustria.

Começando a Unidade

1. Descreva a cena representada na imagem. O que mais chamou sua atenção?
2. Quais são as cores predominantes na imagem? Por que o artista teria escolhido essas cores para reproduzir a cena?
3. Como são os movimentos de dança representados nessa obra?

TEMA 1

A dança e a música na Idade Média

Durante a Idade Média, a dança e a música estavam presentes na vida das pessoas.

GLOSSÁRIO

Gaita de fole: instrumento musical de sopro, composto de tubos de madeira conectados a um reservatório de ar, chamado fole.

De olho na imagem

Conheça instrumentos musicais medievais.

Um olhar sobre a vida do camponês

A obra reproduzida na abertura desta Unidade foi produzida por Pieter Bruegel (c. 1525-1569), artista que nasceu na Antuérpia, região que atualmente pertence à Bélgica. Ele se destacou por produzir obras com forte caráter narrativo.

Bruegel ficou conhecido por dois apelidos: "o Velho", como forma de distingui-lo de seu filho, que também foi pintor, e "o Camponês", porque ele representava de maneira realista o cotidiano de comunidades camponesas. Na obra *Dança dos camponeses*, por exemplo, Bruegel representou homens e mulheres dançando, aos pares, em uma cena típica do cotidiano camponês. Nessa obra também é possível ver um personagem tocando gaita de fole. Veja o detalhe a seguir e ouça na faixa 04 do CD o som desse instrumento musical.

Detalhe de *Dança dos camponeses* (c. 1568), de Pieter Bruegel. Óleo sobre madeira, 114 cm × 164 cm. Museu de História da Arte, Viena, Áustria.

Danças camponesas

Ao representar cenas do cotidiano dos camponeses, Bruegel revela algumas características da dança durante a Idade Média. Nessa época, a dança estava presente em eventos não religiosos realizados pelos camponeses, como as comemorações do dia a dia e as festas para celebrar as boas colheitas. Chamadas de **carolas**, essas danças eram realizadas em grupos e se desenvolviam com passos livres. Veja a seguir um detalhe de outra obra em que Bruegel retratou uma dança camponesa.

> **Dialogando com Educação Física**

Detalhe de *A dança do casamento* (c. 1566), de Pieter Bruegel. Óleo sobre madeira, 119,4 cm × 157,5 cm. Instituto de Arte de Detroit, Estados Unidos.

Atividade

- Analise a obra de Bruegel reproduzida nesta página e a que aparece na abertura da Unidade. Depois, registre nas linhas a seguir as principais semelhanças e diferenças entre elas. No dia agendado pelo professor, apresente suas observações aos colegas.

_____
_____
_____
_____
_____

Atividade prática

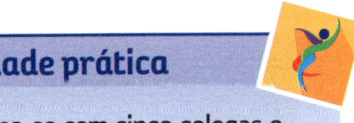

- Reúna-se com cinco colegas e organizem uma coreografia inspirada nas obras de Bruegel que conhecemos até agora. Essa coreografia deverá ter dois momentos: um com movimentos contidos e outro com movimentos amplos e soltos. Utilizem a música da faixa 05 do CD como suporte para a produção coreográfica. Apresentem a coreografia para a turma e discutam com o professor e os colegas o que vocês aprenderam com essa atividade.

DE OLHO NA OBRA

Em várias obras, Pieter Bruegel apresentou críticas à sociedade de sua época. Na obra reproduzida nesta página, por exemplo, ele representou uma "batalha" entre elementos religiosos e profanos.

Batalha entre o Carnaval e a Quaresma (1559), de Pieter Bruegel. Óleo sobre madeira, 118 cm × 164,5 cm. Museu de História da Arte, Viena, Áustria.

O nascimento do Carnaval

"[...] A Idade Média viu o nascimento de uma festa camponesa que teve em seguida um grande sucesso, apesar de mais ou menos combatida pela Igreja: o Carnaval. Nas descrições da vida cotidiana que chegaram até nós, vemos surgir então a ideia de um confronto entre as festas consideradas pagãs, muito alegres, e aquelas da liturgia cristã, que quase sempre lembram a paixão de Cristo. [...].

Para combater ou moderar os cantos e as danças leigas (chamadas 'carolas'), a Igreja desenvolveu novas festas, principalmente nos centros urbanos, destinadas a satisfazer a necessidade que as pessoas tinham de se reunir, e realizar seu desejo de formar comunidades solidárias [...]. Eram organizadas, então, principalmente nas cidades, numerosas procissões nas quais grupos da população caminhavam de acordo com sua posição social: na frente ia o clero, no final, os pobres leigos. [...]"

LE GOFF, Jaques. *A Idade Média explicada aos meus filhos*. Tradução de Hortencia Lencastre. Rio de Janeiro: Agir, 2007. p. 107-108.

PIETER BRUEGEL - MUSEU DE HISTÓRIA DA ARTE, VIENA

Detalhes da obra

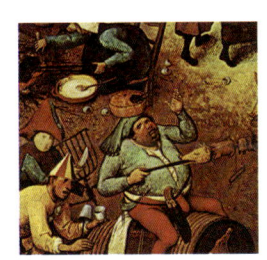

1. O Carnaval
Bruegel representou vários personagens que se relacionam com o Carnaval. Esses personagens podem ser identificados, por exemplo, pelas vestimentas e pelo comportamento. No detalhe, o personagem está sentado em um tonel segurando um espeto com carne. Ele representa os excessos do Carnaval.

2. Os religiosos
Os personagens religiosos representados por Bruegel também podem ser identificados pelas vestimentas e pelo comportamento sugerido. Observe.

De olho na imagem
Conheça outras obras de arte que revelam o cotidiano dos camponeses na Idade Média.

Questões

1. O Carnaval é uma festa sagrada ou profana?

2. Como é o Carnaval na região em que você vive?

Representação de músicos em iluminura medieval. Século XIII.

Da igreja para a praça

Como estudamos na Unidade anterior, durante a Idade Média, os monges da Igreja Católica desenvolveram o canto gregoriano. Nesse período, também era praticado um tipo de música profana muito importante: a **trova**.

A arte da trova foi inventada na França e logo se espalhou pela Europa. Os **trovadores** eram músicos de origem nobre que compunham poemas e os apresentavam cantando e tocando diferentes instrumentos musicais nas cortes, festas e feiras medievais.

Livres da moral da Igreja, as trovas, muitas vezes, eram sátiras de pessoas importantes. Essas trovas, que continham críticas diretas ou indiretas a alguém, eram chamadas de **cantigas de maldizer**.

Havia também trovas que abordavam temas de amor. As **cantigas de amor** tratavam de amores idealizados. Nelas, os poetas sempre se colocavam em uma posição de inferioridade em relação à mulher. As **cantigas de amigo** também abordavam temas de amor, pois a palavra "amigo" tinha sentido de namorado, amado. Essas cantigas, em que o eu-lírico era feminino, eram mais simples e continham várias repetições a fim de facilitar a memorização. Esse tipo de cantiga foi a que mais se popularizou.

Dialogando com Língua portuguesa

GLOSSÁRIO

Sátira: composição literária que ironiza instituições e costumes de época.
Eu-lírico: a voz assumida pelo poeta. As cantigas de amigo eram produzidas por homens, mas o eu-lírico era feminino.

As serestas

A **seresta** é um estilo musical que teve origem nas trovas medievais. Esse estilo musical foi trazido ao Brasil pelos colonizadores europeus. De caráter simples e melodioso, as serestas, em geral, são apresentadas à noite e ao ar livre, e têm o violão como instrumento musical característico. Embora a prática das serestas seja cada vez mais rara, ainda há grupos no Brasil que se dedicam a essa arte.

O distrito de Conservatória, que faz parte do município de Valença (RJ), recebeu o título de "capital nacional da seresta". Foto de 2007.

TEMA 2

O sagrado e o profano no teatro

O auto é um gênero teatral que se originou na Idade Média.

De olho no video

Assista a um trecho do filme *O Auto da Compadecida*.

GLOSSÁRIO

Cangaceiro: integrante de bandos armados que perambulavam pelo sertão do Nordeste entre o século XIX e a primeira metade do século XX.

Auto da Compadecida

A imagem reproduzida nesta página foi retirada de *O Auto da Compadecida*, filme dirigido por Guel Arraes (1953-) e lançado no ano 2000. O filme é uma adaptação do texto teatral *Auto da Compadecida*, escrito em 1955 pelo dramaturgo brasileiro Ariano Suassuna (1927-2014).

A primeira montagem da peça *Auto da Compadecida* ocorreu em 1956, no Teatro Adolescente do Recife. Nessa peça, são abordados elementos relacionados ao sagrado e ao profano. De um lado estão temas cristãos, como o pecado e o arrependimento; de outro, a espertez e a luta pela sobrevivência. Ao longo da história, diferentes personagens – um típico malandro, um covarde mentiroso, um padeiro e sua esposa, um padre e um cangaceiro – envolvem-se em situações que mesclam valores religiosos e mundanos. O destino de alguns deles é decidido em um julgamento do qual participam o Encourado (o diabo), Manuel (Jesus Cristo, que na história é negro) e a Compadecida (Virgem Maria).

Os atores Selton Mello e Matheus Nachtergaele no filme *O Auto da Compadecida*, de Guel Arraes.

A obra de Ariano Suassuna

Ariano Suassuna foi um dos mais importantes dramaturgos brasileiros. Nascido em João Pessoa, na Paraíba, Suassuna usou sua obra para defender e difundir a cultura nordestina. Em *Auto da Compadecida*, por exemplo, ele criou personagens inspirados na vida e nos hábitos de homens e mulheres que vivem no sertão.

Ariano Suassuna idealizou o **Movimento Armorial**, que foi lançado na cidade de Recife, em Pernambuco, em 1970. Esse movimento visa valorizar a arte e a cultura popular nordestinas em suas diferentes manifestações, como a pintura, a literatura, a música, o teatro e a dança.

A literatura de cordel é considerada pelos participantes do movimento uma expressão genuína da cultura popular do Brasil. Além do cordel, outras expressões defendidas pelo movimento são o teatro de bonecos, os folguedos e festas realizadas no Nordeste, como o Bumba Meu Boi e o Cavalo Marinho.

Ariano Suassuna em São Paulo (SP), 2011.

A literatura de cordel chegou ao Brasil no século XVII. Tem esse nome porque é exposta aos compradores em cordéis (varais) como os da imagem acima.

As adaptações

Muitos textos fazem tanto sucesso nos palcos dos teatros que acabam atraindo a atenção de profissionais de outras áreas artísticas, como os roteiristas de televisão e de cinema.

O diretor de cinema Guel Arraes, por exemplo, como vimos na página anterior, adaptou o texto original de *Auto da Compadecida*, escrito por Ariano Suassuna. Guel Arraes primeiro transformou a história em uma minissérie de quatro capítulos para a televisão. Depois, fez outras mudanças no texto original até chegar ao resultado visto no cinema. Nas adaptações, Arraes inseriu elementos de outras peças do próprio Suassuna, como *O santo e a porca* (1957) e *Torturas de um coração* (1951), e também elementos de *Decamerão* (c. 1349-c. 1351), do escritor italiano Giovanni Boccaccio (1313-1375).

Nas adaptações, um dos aspectos mais importantes que devem ser observados é a fidelidade ao texto original, mesmo fazendo os cortes ou acréscimos necessários.

Atividade

- Forme um grupo com quatro colegas e pesquisem textos clássicos do teatro que tenham sido adaptados para a televisão ou para o cinema. Vocês devem pesquisar os seguintes dados:
  a. o nome do autor do texto original;
  b. o ano em que o texto original foi escrito;
  c. o nome do adaptador;
  d. o ano em que foi feita a adaptação;
  e. as mudanças que foram introduzidas na adaptação.

  No dia agendado pelo professor, apresentem o resultado da pesquisa aos colegas.

A origem do auto

Em *Auto da Compadecida*, Ariano Suassuna resgatou elementos do **auto**, gênero teatral praticado na Europa durante a Idade Média que se caracterizava pelo emprego de linguagem simples, para que as mensagens transmitidas fossem compreendidas por todos.

Na Idade Média, a Igreja utilizou o auto para propagar os valores do Cristianismo por meio da representação de episódios da Bíblia e da vida dos santos. Além dos autos, outros gêneros teatrais foram criados nesse período e todos eles tinham a função de transmitir as crenças e os valores da Igreja. Inicialmente executadas no interior das igrejas, essas peças medievais despertaram o interesse e a participação do povo e foram ocupando as praças.

Os autos da Idade Média apresentavam um diálogo entre o bem e o mal, representados por Deus e pelo diabo. Cabia aos personagens maus o tom cômico das apresentações. A batalha entre a salvação e a condenação, por meio de um julgamento, era a base de grande parte das peças desse período. Nessas peças, geralmente o pecador alcançava a salvação após apelar para a misericórdia divina, e o diabo era enganado no final. Essa é uma clara influência dos autos medievais em *Auto da Compadecida*.

Nas apresentações medievais, os cenários eram simultâneos, ou seja, estavam sempre visíveis para o público. Esses palcos eram montados como uma passarela e as cenas aconteciam uma após a outra. O público andava e acompanhava a sequência das cenas. Na imagem a seguir, são representados oito cenários simultâneos. O céu está representado à esquerda e o inferno, à direita.

Ainda hoje acontecem apresentações de teatro religiosas. Na imagem, apresentação da Paixão de Cristo, em Nova Jerusalém (PE), 2010.

Ilustração de cenários produzida por Hubert Cailleau em 1547. Biblioteca Nacional da França, Paris, França.

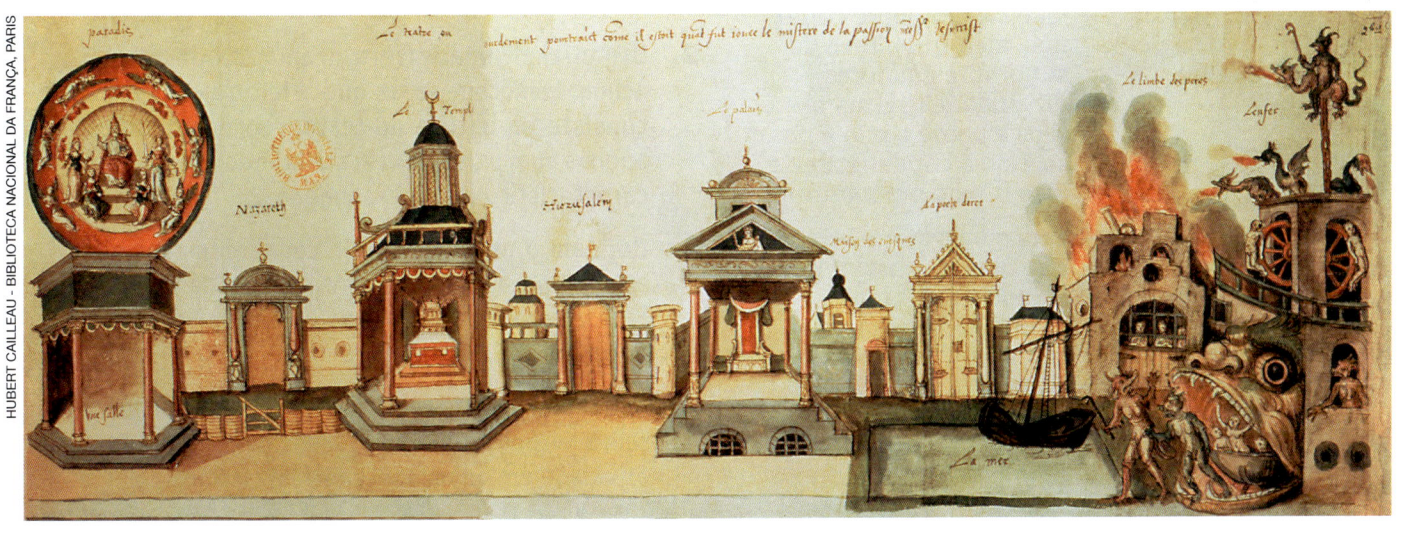

Atividade prática

- Reúna-se com três colegas para realizar uma atividade com um trecho de *Auto da Compadecida*. Sigam os procedimentos abaixo:

1. Leiam o trecho de *Auto da Compadecida* reproduzido a seguir.

"[...]

MANUEL — E agora, nós, João Grilo. Por que sugeriu o negócio pra os outros e ficou de fora?

JOÃO GRILO — Porque, modéstia à parte, acho que meu caso é de salvação direta.

ENCOURADO — Era o que faltava! E a história que estava preparada para a mulher do padeiro?

MANUEL — É, João, aquilo foi grave.

JOÃO GRILO — E o senhor vai dar uma satisfação a esse sujeito, me desgraçando pra o resto da vida? Valha-me Nossa Senhora, mãe de Deus de Nazaré, já fui menino, fui homem...

A COMPADECIDA (*sorrindo*) — Só lhe falta ser mulher, João, já sei. Vou ver o que posso fazer. (*a Manuel*) Lembre-se de que João estava se preparando para morrer quando o padre o interrompeu.

ENCOURADO — É, e apesar de todo o aperreio, ele ainda chamou o padre de cachorro bento.

A COMPADECIDA — João foi um pobre como nós, meu filho. Teve de suportar as maiores dificuldades, numa terra seca e pobre como a nossa. Não o condene, deixe João ir para o purgatório.

JOÃO GRILO — Para o purgatório? Não, não faça isso assim não. (*chamando a Compadecida à parte*) Não repare eu dizer isso, mas é que o diabo é muito negociante e com esse povo a gente pede mais, para impressionar. A senhora pede o céu, porque aí o acordo fica mais fácil a respeito do purgatório.

A COMPADECIDA — Isso dá certo lá no sertão, João! Aqui se passa tudo de outro jeito! Que é isso? Não confia mais na sua advogada?

JOÃO GRILO — Confio, Nossa Senhora, mas esse camarada termina enrolando nós dois!

A COMPADECIDA — Deixe comigo. (*a Manuel*) Peço-lhe então, muito simplesmente, que não condene João.

MANUEL — O caso é duro. Compreendo as circunstâncias em que João viveu, mas isso também tem um limite. Afinal de contas, o mandamento existe e foi transgredido.

A COMPADECIDA — Dê-lhe então outra oportunidade.

MANUEL — Como?

A COMPADECIDA — Deixe João voltar.

MANUEL — Você se dá por satisfeito?

JOÃO GRILO — Demais. Pra mim é até melhor, porque daqui pra lá eu tomo cuidado na hora de morrer e não passo nem pelo purgatório, pra não dar gosto ao Cão. [...]"

SUASSUNA, Ariano. *Auto da Compadecida*. Rio de Janeiro: MEDIAfashion, 2008. p. 133-135. (Coleção Folha Grandes escritores brasileiros).

2. Organizem uma leitura dramática do trecho acima. Lembrem-se de que a leitura dramática consiste na leitura do texto, representando-o apenas com o uso da voz, atribuindo intenções e características aos personagens.

3. Definam o personagem de cada um e realizem ensaios para treinar as entonações da voz. Não se esqueçam das rubricas (observações entre parênteses).

4. Seguindo as orientações do professor, apresentem a leitura dramática. Vocês podem fazer essa atividade em pé ou sentados em círculo.

INDICAÇÕES

Para acessar

- **Conservatória.** Disponível em: <http://www.conservatoria.tur.br/php/index.php?option=com_content&view=article&id=2&Itemid=54>. Acesso em: 16 jan. 2015.

  Nesse *site*, é possível conhecer a história do distrito de Conservatória e obter informações sobre a serenata e a seresta.

- **Hieronymus Bosch.** Disponível em: <www.hieronymus-bosch.org>. Acesso em: 2 jul. 2014.

  Nesse *site*, é possível conhecer as obras de Hieronymus Bosch. O texto está em inglês, mas a navegação pelo *site* é fácil.

- **Pieter Bruegel the Elder.** Disponível em: <www.pieter-bruegel-the-elder.org>. Acesso em: 2 jul. 2014.

  Nesse *site*, é possível acessar as obras produzidas por Pieter Bruegel. O texto está em inglês, mas a navegação pelo *site* é fácil.

- **Trovadores Urbanos.** Disponível em: <www.trovadoresurbanos.com.br/trovadores-urbanos>. Acesso em: 16 jan. 2015.

  Nesse *site*, é possível acessar informações sobre o grupo musical Trovadores Urbanos, assim como curiosidades sobre a serenata e fotos de suas apresentações.

Para acessar e visitar

Museu Medieval Castelo Saint George

Endereço virtual: <www.museumedieval.com.br>. Acesso em: 2 jul. 2014.

Endereço físico: Rua Júlio Hanke, 94. CEP: 95670-000. Gramado (RS).

Esse museu abriga uma coleção de armas medievais, brasões de família e cutelaria gaúcha.

Para ler

- ***Turma da Mônica em contos de Andersen, Grimm e Perrault***, de Mauricio de Sousa. Barueri: Girassol, 2008.

  Nesse livro, os personagens da Turma da Mônica revivem os contos clássicos dos autores Hans Christian Andersen, Jacob e Wilhelm Grimm e Charles Perrault.

- ***Era uma vez Irmãos Grimm: recontado por Katia Canton***, de Katia Canton. São Paulo: Difusão Cultural do Livro, 2006.

  O livro apresenta seis histórias dos irmãos Jacob e Wilhelm Grimm recontadas pela autora, Katia Canton, e ilustradas por diversos artistas contemporâneos.

- ***O castelo medieval: a lenda do Rei Artur***, de Florencia Cafferata. Curitiba: Libris, 2011. (Coleção Cenários fantásticos).

  O formato desse livro sobre reis e rainhas possibilita a interação com o cenário e os personagens da história.

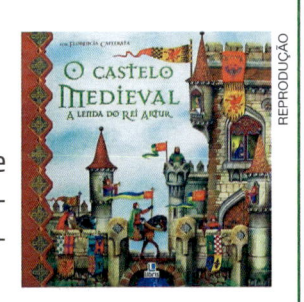

Para assistir

- ***O Auto da Compadecida.*** Direção de: Guel Arraes. Brasil, 2000, 157 min.

  Baseado na peça teatral *Auto da Compadecida*, de Ariano Suassuna, o filme conta a história de João Grilo e Chicó, abordando a cultura popular do Nordeste do Brasil.

- ***Como treinar o seu dragão.*** Direção de: Chris Sanders e Dean DeBlois. Estados Unidos, 2010, 93 min.

  A história se passa no vilarejo *viking* em que vive Soluço, um garoto que sonha em matar um dragão. Ao longo da história, no entanto, Soluço inicia uma bela amizade com um dragão.

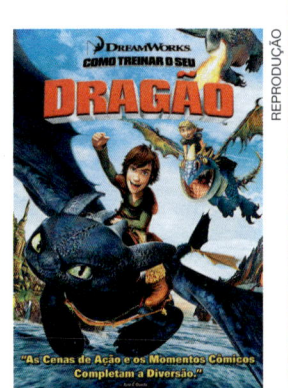

UNIDADE 3
UMA NOVA VISÃO DE MUNDO

O balé é uma das danças mais apreciadas em todo o mundo. Com seus movimentos leves e expressivos, os bailarinos podem emocionar e encantar os espectadores. A cena da foto desta abertura faz parte de *O lago dos cisnes*, espetáculo criado em 1895 e, desde então, remontado e apresentado em todo o mundo.

Começando a Unidade

1. Você já assistiu a uma apresentação de balé? Em caso afirmativo, comente com os colegas o que achou do espetáculo.
2. Descreva a foto desta abertura. O que mais chamou sua atenção?
3. Você conhece a história de *O lago dos cisnes*? Se sim, comente com os colegas.

Bailarinas do Ballet Kirov durante apresentação do espetáculo *O lago dos cisnes* em Londres, Reino Unido, em 2005.

TEMA 1

A origem do balé

A leveza e a suavidade estão entre as principais características do balé.

O balé cortesão

O balé da forma que conhecemos hoje teve origem no **balé cortesão**, dança que surgiu na Europa durante um período que ficou conhecido como Renascimento. O **Renascimento** foi um movimento artístico e cultural que teve início na Itália, entre os séculos XIV e XVI, e espalhou-se pela Europa. Nesse período, além dos membros da Igreja e dos nobres, os integrantes da burguesia passaram a apreciar e a adquirir obras de arte.

Os renascentistas defendiam a recuperação dos valores greco-romanos da Antiguidade e valorizavam a razão e a ciência em detrimento dos dogmas da Igreja. Para eles, os interesses humanos – e não Deus – deveriam estar em primeiro plano.

Diante dessa visão de mundo, a dança passou a integrar celebrações, como casamentos e festas de aniversário que aconteciam no interior dos palácios: as chamadas festas cortesãs. Foi assim que a dança adquiriu um caráter de espetáculo e nasceu o balé cortesão.

> **Para saber mais**
> Renascimento.

> **Dialogando com História**

A arquitetura renascentista

Os arquitetos do Renascimento deram às residências, aos palácios e aos edifícios públicos a mesma atenção destinada às catedrais durante a Idade Média. Houve, no entanto, uma significativa mudança na forma de construir. As construções renascentistas, em oposição às construções fortificadas e defensivas da Idade Média, eram edificadas no centro de um terreno plano e cercadas por jardins. O interior dessas construções recebia bastante luz natural, que penetrava pelas amplas janelas.

Fachada do Palácio Pitti, em Florença, Itália, 2012. Esse palácio foi projetado em 1458 pelo arquiteto e escultor renascentista Filippo Brunelleschi (1377-1446). Residência da família Médici, o Palácio Pitti foi cenário de grandes festas animadas, com apresentações de balé cortesão.

Da corte para os palcos

Durante o século XIX, houve um aprimoramento das técnicas do balé e das vestimentas utilizadas pelos bailarinos. A **sapatilha de ponta** foi inventada nessa época, possibilitando movimentos mais aéreos. Com esses movimentos, os dançarinos representavam fadas, feiticeiras e vampiros das histórias românticas. A emoção teatral foi valorizada, e foram desenvolvidos diversos efeitos por meio de cenários e iluminação. Assim nasceu o chamado **balé romântico**.

> **GLOSSÁRIO**
>
> **Romântico:** relativo ao Romantismo, movimento artístico, filosófico e político iniciado na Europa no fim do século XVIII e caracterizado pela valorização do sentimentalismo, da originalidade e das tradições históricas e dos modelos nacionais.

Foyer de dança da Ópera (1872), de Edgar Degas. Óleo sobre tela, 32,7 cm × 46,3 cm. Museu D'Orsay, Paris, França.

Ao longo do século XIX, o balé passou por várias mudanças na Itália, na França e na Rússia. Durante muitos anos, o bailarino francês Marius Petipa (1818-1910) atuou no Teatro Imperial Russo. Ele foi um dos coreógrafos de *O lago dos cisnes*, espetáculo retratado na abertura desta Unidade. As coreografias que compõem *O lago dos cisnes* foram desenvolvidas com base em uma música do compositor russo Piotr Tchaikovsky (1840-1893). Além desse, Petipa criou outros espetáculos com base em músicas de Tchaikovsky, como *A bela adormecida* (1890) e *O quebra-nozes* (1891--1893). Ouça na faixa 06 do CD um trecho de *O lago dos cisnes*.

Degas e as bailarinas

Edgar Degas (1834-1917) foi um dos mais importantes artistas do **Impressionismo**, movimento artístico que começou na França na segunda metade do século XIX. Degas abordou as bailarinas em muitas de suas pinturas e esculturas. Para chegar ao resultado que observamos em obras como a reproduzida nesta página, Degas observava bailarinas em atividade e fazia diversos esboços a fim de melhor representar os movimentos.

O figurino e os movimentos no balé

Assim como no teatro e em espetáculos de música, o **figurino** é elemento essencial nas apresentações de balé. A imagem desta página é um detalhe da fotografia reproduzida na abertura da Unidade. Observe que a bailarina está vestida com um corpete (parte superior da roupa, com corte ajustado) e uma saia feita de um tecido leve e transparente. A essa roupa dá-se o nome de *tutu*. Inventado no início do século XIX, o tutu foi muito importante para dar maior liberdade de movimentos às bailarinas. Antes da invenção do tutu, as bailarinas se apresentavam usando saias longas.

Bailarinas do Ballet Kirov durante apresentação do espetáculo *O lago dos cisnes* em Londres, Reino Unido, em 2005.

A dança moderna

A partir do século XX, diversos bailarinos incorporaram novos movimentos à dança e abandonaram as vestimentas tradicionais do balé. Esses bailarinos desenvolveram uma série de pesquisas que os ajudaram a compreender melhor o corpo humano e a desenvolver uma dança mais expressiva e espontânea.

Para saber mais

Movimentos do balé.

Atividade prática

- Forme um grupo com seis colegas e desenvolvam uma sequência de movimentos em uníssono. Escolham uma música para acompanhar os movimentos e, no dia agendado pelo professor, apresentem os resultados aos colegas.

Outro elemento importante que pode ser observado na foto é a sapatilha de ponta. Esse tipo de sapatilha apresenta uma ponta dura de gesso que confere equilíbrio e força aos bailarinos, além de atribuir leveza aos movimentos realizados por eles.

As bailarinas retratadas na imagem desta página expressam características básicas do balé: a harmonia, a simetria e a leveza. Para conseguir esse resultado, são utilizados **movimentos em uníssono**, em que os bailarinos executam posturas e gestos exatamente ao mesmo tempo.

Além dos movimentos em uníssono, são realizados no balé movimentos em **oposição** e movimentos em **sucessão**. Os movimentos em oposição são aqueles realizados por dois grupos de bailarinos que se posicionam em lados opostos do palco. Os movimentos em sucessão, por sua vez, são aqueles realizados em "efeito cascata". Ou seja, a mesma sequência de movimentos é realizada em tempos diferentes.

Muitos dos movimentos e das vestimentas desenvolvidos no século XIX ainda estão presentes no **balé clássico**.

TEMA 2

Mudanças na forma de pensar e de fazer arte

O Renascimento promoveu uma série de mudanças na concepção e na produção de obras de arte.

Leonardo da Vinci: o mestre do Renascimento

A obra *A última ceia* (1496-1498), reproduzida nesta página, é conhecida em todo o mundo. Em 1980, essa obra foi reconhecida pela Organização das Nações Unidas para a Educação, a Ciência e a Cultura (Unesco) como parte integrante do patrimônio cultural da humanidade.

A última ceia representa Jesus Cristo com os apóstolos antes de ser preso e crucificado. Foi produzida por Leonardo da Vinci (1452-1519), um dos mais importantes artistas do Renascimento. Além de artista, Da Vinci era cientista e inventor e ficou conhecido por lançar um "olhar investigativo" às coisas que estavam a seu redor.

Para realizar suas obras, Da Vinci estudou e recuperou princípios da arte greco-romana, como a ordem, o equilíbrio, a harmonia e a unidade, e desenvolveu diferentes técnicas.

A última ceia (1495-1498), de Leonardo da Vinci. Afresco, 4,6 m × 8,8 m. Refeitório da Igreja de Santa Maria da Graça, Milão, Itália.

Atividade

- O que mais chamou sua atenção na obra *A última ceia*? Como você acha que Leonardo da Vinci conseguiu conferir a ilusão de profundidade à obra? Comente sua opinião com os colegas.

_____
_____
_____
_____

Técnicas renascentistas na obra de Leonardo da Vinci

Da Vinci utilizava diferentes técnicas que caracterizaram não apenas suas obras, mas toda a produção artística renascentista. Algumas dessas técnicas estão presentes em *A última ceia*. Observe, por exemplo, no detalhe desta página, que as figuras são levemente iluminadas, o que cria contrastes entre claro e escuro e atribui volume e realismo aos corpos. A técnica utilizada para conferir esse efeito é chamada **chiaroscuro** ou **claro-escuro**.

Outra técnica renascentista presente em *A última ceia* é a **perspectiva**. Essa técnica era utilizada para representar os espaços, conferindo-lhes a sensação de **tridimensionalidade**. Por meio dessa técnica os artistas criavam a ilusão de que o espaço, os objetos e os personagens representados nas obras apresentavam largura, altura e profundidade. Para obter esse efeito, os pintores renascentistas utilizavam conhecimentos da matemática e da física. Esses conhecimentos possibilitavam, por exemplo, a ampliação e a redução dos objetos, causando a ilusão de que eles estavam mais próximos ou mais distantes do observador.

Dialogando com Matemática

Autorretrato (c. 1512), de Leonardo da Vinci. Giz vermelho sobre papel, 33,3 cm × 21,3 cm. Biblioteca Real, Turim, Itália.

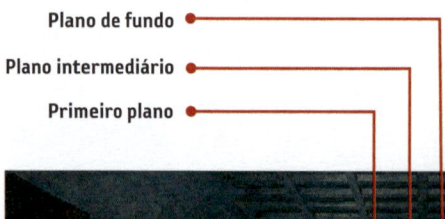

Plano de fundo
Plano intermediário
Primeiro plano

De olho na imagem

Conheça obras inspiradas em *A última ceia*.

Detalhe de *A última ceia* (1495-1498), de Leonardo da Vinci. Afresco, 4,6 m × 8,8 m. Refeitório da Igreja de Santa Maria da Graça, Milão, Itália.

Na obra *A última ceia*, a mesa é representada em **primeiro plano**, as figuras humanas se projetam maiores e ocupam o **plano intermediário** e a parede e as janelas são representadas no **plano de fundo**. As linhas da composição conduzem o olhar do espectador para o lado direito da cabeça de Cristo, que se destaca pela luminosidade da janela. Para recriar o efeito do ar, do espaço e da umidade, Da Vinci representou os objetos mais distantes com tons claros.

O *sfumato*

Na obra *Dama com arminho*, reproduzida nesta página, Da Vinci utilizou o *sfumato*, técnica que consiste em aliviar as linhas de contorno nas formas representadas na pintura ou no desenho.

O *sfumato* cria um efeito de pulverização da matéria, aumentando o contraste visual e ajudando a produzir a ilusão de profundidade. Com esse efeito, a forma não é definida por uma linha precisa do desenho, mas pelas cores e pelos contrastes entre luz e sombra.

Dama com arminho (c. 1490), de Leonardo da Vinci. Óleo sobre tela, 53,4 cm × 39,3 cm. Museu Czartoryski, Cracóvia, Polônia.

De olho no vídeo

Assista a um trecho do filme *Batman Begins*.

O claro-escuro no cinema

Os efeitos de claro-escuro e a atmosfera de mistério criada por seu uso influenciam outras manifestações artísticas, como o teatro e o cinema. Em filmes como *Batman Begins* (2005), do diretor Christopher Nolan (1970-), por exemplo, é utilizado esse efeito para despertar dramaticidade por meio de contrastes obtidos por um leve raio de luz que penetra a escuridão, marcando as formas e criando belas silhuetas.

Cartaz do filme *Batman Begins*.

Atividade prática

- Inspirado pelas obras de Leonardo da Vinci, utilize uma folha de papel sulfite como suporte e lápis 6B como técnica e crie um desenho utilizando a **técnica da perspectiva**. Lembre-se de criar os planos e atribuir a ilusão de profundidade à obra. Com o desenho pronto, utilize o dedo para criar o efeito de *sfumato*. Dê um título à sua produção e, no dia agendado pelo professor, a apresente aos colegas.

DE OLHO NA OBRA

Escola de Atenas (1508-1511), de Rafael Sanzio. Afresco, 5,0 m × 7,7 m. Sala da Assinatura, Museus do Vaticano, Vaticano.

Outro importante artista do Renascimento foi Rafael Sanzio (1483--1520). Ele nasceu em Urbino, na Itália. Em 1504, partiu para a cidade de Florença, onde produziu diversas obras, especialmente retratos da Virgem Maria. Em 1508, mudou-se para Roma, onde foi contratado pelo papa Júlio II (1443-1513) para produzir uma série de afrescos para o Vaticano. Entre as obras de Rafael que estão no Vaticano destaca-se *Escola de Atenas*, reproduzida nesta seção. Nessa obra, ele representou uma reunião de filósofos gregos da Antiguidade.

GLOSSÁRIO

Vaticano: Estado independente e sede da Igreja Católica, governado pelo bispo de Roma, o papa.

RAFAEL SANZIO - PALÁCIO APOSTÓLICO, CIDADE DO VATICANO

Detalhes da obra

1. A perspectiva

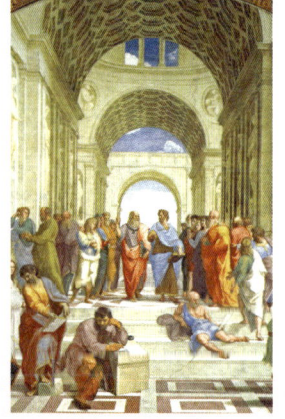

Nessa obra, Rafael representou o espaço em perspectiva, com superposição de planos. Esse recurso conduz o olhar do espectador para o centro da obra e aumenta a ilusão de profundidade.

2. Os filósofos

Ao centro, no plano intermediário, acredita-se que Rafael tenha representado o filósofo Platão (c. 428 a.C.-348 a.C.), com uma das mãos erguida, ao lado de seu discípulo Aristóteles (c. 384 a.C.-322 a.C.), que parece acompanhar os ensinamentos do mestre.

3. O artista

Acredita-se que o personagem de boina preta entre os filósofos seja um autorretrato de Rafael.

4. Michelangelo

Estudos afirmam que o personagem que se inclina sobre um bloco de mármore seria Heráclito (c. 535 a.C.-475 a.C.). Ele foi representado com a aparência de Michelangelo Buonarroti (1475-1564), que, na época em que Rafael produziu o afresco, trabalhava na Capela Sistina, também no Vaticano.

O afresco e a têmpera

No Renascimento, os pintores realizaram vários murais no interior de construções como igrejas e palácios. Essas imagens foram criadas em **afresco**, técnica de pintura mural praticada desde a Antiguidade e aperfeiçoada nos séculos XIII e XIV. Como vimos na Unidade 1, na produção de afresco a parede recebe um acabamento em argamassa que, enquanto ainda está fresca, recebe tinta feita com pigmentos à base de água.

A **têmpera** era uma das tintas mais utilizadas na produção de afrescos. Para obter essa tinta, os pintores misturavam pigmentos ou corantes com um aglutinante (substância que liga e fixa as partículas de pigmento) – na época, o aglutinante mais utilizado era o ovo. A têmpera era utilizada sobre parede (afrescos) e sobre madeira, sendo muito apreciada por seu resultado, com cores brilhantes e iluminadas.

Detalhe de *A criação de Adão* (1508-1512), de Michelangelo Buonarroti. Afresco, 2,80 m × 5,70 m. Capela Sistina, Vaticano.

Atividade prática

- Você vai aprender a produzir têmpera para usar em seus trabalhos criativos. Veja os materiais de que vai precisar e os **procedimentos que deverá seguir**.

Materiais

- Ovo de galinha
- Pote com tampa
- Garfo
- Água
- Colher de chá
- Detergente
- Óleo de cravo-da-índia, para conservar a têmpera
- Recipientes limpos para misturar as tintas (por exemplo, potes de iogurte)
- Pigmento em pó ou líquido (pode ser comprado em casas de material de construção) nas cores vermelho, amarelo e azul
- Pincéis
- Papel sulfite ou cartolina
- Pano para limpeza

Procedimentos

1. Quebre o ovo com cuidado e separe a clara da gema. Descarte a clara e coloque a gema dentro do pote com tampa. Com o garfo, bata a gema, dissolvendo-a bem.

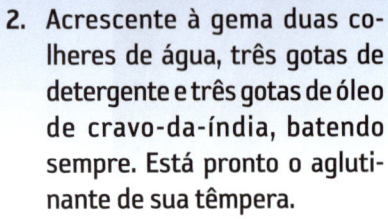

2. Acrescente à gema duas colheres de água, três gotas de detergente e três gotas de óleo de cravo-da-índia, batendo sempre. Está pronto o aglutinante de sua têmpera.

3. Em um dos potes de mistura, coloque o pigmento. Se for em pó, utilize uma colher de chá como medida. Caso seja líquido, coloque sete ou oito gotas.

4. Adicione duas colheres do aglutinante feito com a gema do ovo e uma colher de chá de água e misture bem.

5. Utilizando um pincel, faça testes com a têmpera na folha de papel sulfite ou na cartolina. Se estiver muito transparente, coloque mais pigmento.

6. Utilizando os demais potes, crie as outras cores. Você também pode fazer misturas para obter cores secundárias e terciárias. Realize testes a cada nova mistura para verificar sua consistência.

Utilize a têmpera em suas criações, pintando sobre papéis ou outros materiais, como papelão e gesso. Se mantiver o pote tampado, essa tinta poderá durar até um mês.

TEMA 3

O gosto pelo realismo

O realismo foi uma das principais características da arte renascentista.

A escultura renascentista

Uma das mais expressivas esculturas renascentistas é *Davi* (1501-1504), produzida por Michelangelo Buonarroti. Essa escultura foi feita em um bloco de mármore de mais de cinco metros de altura.

A obra representa Davi, o herói bíblico que venceu o gigante Golias. Um dos detalhes que mais chamam atenção na obra é o fato de as mãos de Davi terem sido feitas intencionalmente enormes por Michelangelo. Muitos acreditam que o autor tenha feito isso para representar o "homem renascentista", aquele que constrói sua história e carrega seu destino nas mãos. Outros defendem que Michelangelo teria usado essa obra para exaltar os artistas, cujo instrumento de trabalho são as mãos.

> **De olho na imagem**
> Conheça mais esculturas renascentistas.

> **Para saber mais**
> *Davi*, de Michelangelo.

Davi (1501-1504), de Michelangelo. Escultura de mármore, cerca de 4 m de altura. Galeria da Academia, Florença, Itália.

KEN WELSH/ALAMY/GLOW IMAGES - GALERIA DA ACADEMIA, FLORENÇA

A escultura

A **escultura** é uma forma de arte que se fundamenta na criação de objetos **tridimensionais**, ou seja, com comprimento, altura e largura. O trabalho realizado por um escultor, dessa forma, é o de dar forma a uma matéria.

As formas realistas

As esculturas renascentistas eram **realistas**, ou seja, eram feitas com a intenção de imitar a realidade. Os artistas buscavam reproduzir com perfeição as expressões e as proporções da figura humana. Observe a obra reproduzida abaixo e note o realismo das expressões do rosto, dos cabelos, das mãos e das ondulações das roupas dos personagens.

As formas realistas observadas nas obras renascentistas resultam de uma série de estudos sobre o corpo humano. Artistas como Leonardo da Vinci, por exemplo, estudaram anatomia e chegaram a dissecar cadáveres a fim de conhecer o corpo humano para melhor representá-lo em suas obras.

Cristo e a dúvida de Tomé (1467-1483), de Andrea del Verrocchio. Escultura de bronze, com 2,41 m de altura. Museu da Igreja Orsanmichele, Florença, Itália.

Figuras de três deusas no frontão do Parthenon (c. 438-432 a.C.), de Fídias. Escultura de mármore. Museu Britânico, Londres, Reino Unido.

O drapeado na produção de esculturas

Drapeado e **panejamento** são termos usados para designar a representação de vestimentas em uma escultura, formando pregas, ondulações e depressões, como as da obra *Cristo e a dúvida de Tomé*. Antes dos renascentistas, os escultores gregos da Antiguidade já criavam drapeados em suas obras. Eles usavam essa técnica para revelar os contornos dos corpos e criar uma representação mais realista do volume das roupas.

DE OLHO NA OBRA

A escultura reproduzida abaixo é tão realista que pode até nos confundir e nos fazer imaginar que se trata de uma pessoa de verdade. Essa obra foi feita pelo artista norte-americano Duane Hanson (1925-1996). Veja alguns detalhes da obra.

Jovem compradora (1973), de Duane Hanson. Escultura de poliéster, fibra de vidro e acessórios, dimensões variadas. Coleção particular.

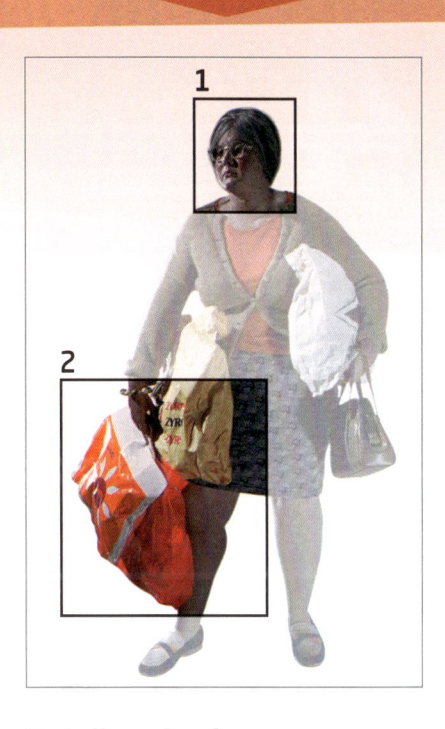

HANSON, DUANE/LICENCIADO POR AUTVIS, BRASIL, 2014 - BRIDGEMAN IMAGES/KEYSTONE BRASIL - COLEÇÃO PARTICULAR

Detalhes da obra

1. Hiper-realismo

Jovem compradora é classificada como uma obra **hiper-realista** e resulta de um recente retorno de artistas, principalmente norte-americanos, à produção de obras que chegam a se confundir com a realidade. Esses artistas destacam-se por representar pessoas comuns em ações do cotidiano.

2. O processo produtivo

Na produção de suas obras, Duane Hanson, em um primeiro momento, fez moldes de pessoas reais para, posteriormente, produzir as esculturas com materiais como resina e fibra de vidro. As esculturas foram finalizadas com vestimentas e acessórios.

Questões

1. Por meio de suas esculturas, os artistas hiper-realistas pretendem provocar nas pessoas uma reflexão. **Que reflexão é essa?**

2. Ao observar a escultura *Jovem Compradora*, destaque os elementos que mais chamaram a sua atenção.

3. Quais as diferenças que você pode perceber entre o realismo das obras do Renascimento e o da obra hiper-realista reproduzida nesta página?

TEMA 4

As academias e os museus de arte

Os museus são espaços de preservação do patrimônio.

O artista no Renascimento

Durante a Baixa Idade Média, esculturas, pinturas e outras obras artísticas eram produzidas coletivamente, por artesãos que faziam parte de associações denominadas guildas. As guildas cumpriam o papel de escolas, pois nelas os artesãos aprendiam um ofício.

Ao longo do século XV, no entanto, com o crescimento das cidades e o consequente aumento das encomendas, os artistas começaram a se libertar das guildas. Nessa época, as obras deixaram de ser simples repetição e passaram a incorporar a marca de quem as criou. Usando sua criatividade, os artistas passaram a se diferenciar cada vez mais dos artesãos que, em geral, desenvolviam atividades com base em modelos previamente estabelecidos.

Essa mudança na formação e no ofício dos artistas se consolidou com o Renascimento, quando, embora ainda tivessem de respeitar as restrições das encomendas, os artistas começaram a escolher o tema e a técnica a ser empregados nas obras. Nessa época, artistas como Michelangelo Buonarroti e Rafael Sanzio conquistaram prestígio social e rendimento financeiro.

Com a valorização dos artistas, tornou-se necessário institucionalizar o ensino de arte. Começaram assim a ser fundadas na Europa as primeiras academias de arte.

Artista ou artesão?

Na Idade Média, as obras de arte eram produzidas por meio da imitação e da reprodução, tornando irrelevante a expressão pessoal. Assim, a arte confundia-se com o artesanato. Essa visão começou a mudar a partir do Renascimento, quando os artistas passaram a se diferenciar cada vez mais dos artesãos.

GLOSSÁRIO

Guilda: associação de profissionais criada para proteger os interesses de seus membros.

Michelangelo Buonarroti, adaptado de uma gravura de Jean Louis Potrelle entre 1808 e 1830. Biblioteca do Congresso, Washington, Estados Unidos.

Autorretrato (c. 1506), de Rafael Sanzio. Têmpera sobre madeira, 47,5 cm × 33 cm. Galeria Uffizi, Florença, Itália.

Da academia ao museu

No século XVI, o pintor Giorgio Vasari (1511-1574) participou da fundação da Academia de Desenho de Florença, considerada uma das primeiras instituições europeias a se dedicar ao ensino de ciências (geometria, anatomia, história, filosofia) e de arte. A academia ainda existe com o nome de Academia de Belas-Artes de Florença.

Após a academia de Florença, foram fundadas outras instituições desse tipo na Europa, como a Academia Real de Pintura e Escultura da França. Fundada em 1648, essa instituição se tornou o primeiro centro de aprendizagem de arte, onde eram apresentados aos artistas modelos e técnicas consagrados na época. O **academismo**, dessa forma, mudou definitivamente a imagem do artista, que deixou de ser assimilado aos artesãos que atuavam nas guildas.

O interesse pelas artes e pelos valores do passado greco-romano e a confiança na capacidade de transformar o mundo por meio da busca de respostas científicas levaram os renascentistas a colecionar, ou seja, a juntar materiais em um lugar específico. Assim surgiu a ideia de **museu** da forma que conhecemos hoje.

Um dos primeiros museus foi o Ashmolean, em Londres, no Reino Unido. Ele foi fundado no século XVII, por meio de uma doação particular. O primeiro museu público foi o do Louvre, fundado em Paris, na França, em 1793.

Fachada da Academia de Belas-Artes de Florença, na Itália, 2005.

Fachada do Museu Ashmolean, em Londres, Reino Unido, 2010.

Fachada do Museu do Louvre, em Paris, França, 2011.

Atividades

1. Você sabe qual é a origem da palavra **museu**? Reúna-se com quatro colegas e façam uma pesquisa sobre esse tema. No dia agendado pelo professor, apresentem os resultados da pesquisa aos colegas.

2. Você já foi a um museu ou já visitou alguma exposição? Em caso afirmativo, conte a experiência aos colegas.

Profissional realizando restauração de obra de arte em museu na Alemanha, em 2013.

O museu e seu acervo

No século XIX, os museus se multiplicaram e se diversificaram. Hoje existem diferentes tipos de museu (de arte, de história, de ciências etc.), mas todos com o mesmo objetivo: garantir acesso ao conhecimento sobre as atividades humanas ao longo da história.

Nos **museus de arte** são guardadas obras de diferentes linguagens e suportes, como pinturas, esculturas, gravuras, desenhos, artes aplicadas (como cerâmicas e joias), fotografias, vídeos e sons. Essas instituições podem ser particulares ou públicas.

O público tem acesso ao acervo dos museus por meio das **exposições**, que podem ser permanentes ou temporárias, com obras do próprio museu ou emprestadas de outras instituições ou de colecionadores particulares.

A organização das exposições envolve uma série de profissionais e passa por fases importantes: a **documentação**, em que é feito o registro dos bens do acervo; o gerenciamento da **reserva técnica**, espaço físico no interior do museu destinado ao armazenamento e à manipulação do acervo; o trabalho de **restauração**, que consiste na recuperação de uma obra quando necessário; o trabalho de **curadoria**, ou seja, a escolha das obras e dos artistas que farão parte da exposição e a preparação do espaço expositivo.

Com desenvolvimento tecnológico e dos meios de comunicação, a relação dos museus com o público tem passado por muitas transformações. Ao mesmo tempo que se preocupam com a manutenção de espaços físicos para a guarda dos bens, os responsáveis pelos museus têm procurado se abrir às novas formas de interação. Muitos museus já disponibilizam o conteúdo de seu acervo para visitas virtuais.

GLOSSÁRIO

Acervo: conjunto de bens que fazem parte do patrimônio de um museu.

Museu: espaço de aprendizagem

Várias instituições dispõem de setores dedicados a **ações educativas** destinadas a crianças e adultos. São desenvolvidos, por exemplo, programas especiais para o atendimento de pessoas com deficiência visual e cursos de formação para professores e agentes culturais. Em diversos museus, idosos, crianças e pessoas com deficiência não pagam ingresso e há dias em que a entrada é gratuita para qualquer pessoa.

Museu da Imagem e do Som de Alagoas (Misa), em Maceió, 2013. Os museus da imagem e do som cuidam de gravações sonoras, filmes, documentários etc.

INDICAÇÕES

Para acessar

- **Galeria Saatchi – Duane Hanson.** Disponível em: <www.saatchigallery.com/artists/duane_hanson.htm>. Acesso em: 9 jul. 2014.

  No *site* da Galeria Saatchi, é possível acessar diversas obras do artista Duane Hanson. Embora o *site* esteja em inglês, a navegação é fácil.

- **L'Ultima Cena di Leonardo da Vinci – Santa Maria delle Grazie.** Disponível em: <http://milan.arounder.com/en/churches/santa-maria-delle-grazie-church>. Acesso em: 9 jul. 2014.

  Nesse *site*, é possível fazer uma visita virtual às obras que estão na Igreja de Santa Maria da Graça, em Milão, na Itália, incluindo o afresco *A última ceia*, de Leonardo da Vinci.

- **Visita virtual à Capela Sistina, no Vaticano.** Disponível em: <www.vatican.va/various/cappelle/sistina_vr/index.html>. Acesso em: 9 jul. 2014.

  Nesse endereço, é possível fazer uma visita virtual às obras de Michelangelo que decoram a Capela Sistina, no Vaticano.

Para acessar e visitar

- **Museu Imperial**

  Endereço virtual: <www.museuimperial.gov.br>. Acesso em: 9 jul. 2014.

  Endereço físico: Rua da Imperatriz, 220. CEP: 25610-320. Petrópolis (RJ).

  Localizado em Petrópolis (RJ), o Museu Imperial é dedicado ao período imperial do Brasil, especialmente ao Segundo Reinado. No *site* desse museu é possível conhecer virtualmente o espaço físico do local.

Para assistir

- ***Batman Begins.*** Direção de: Christopher Nolan. Estados Unidos, 2005, 140 min.

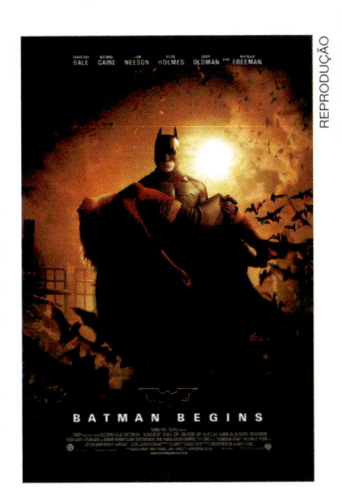

  Esse filme mostra como Batman iniciou sua luta contra os criminosos em Gotham City. Nessa produção, é possível ver o uso dos efeitos de claro-escuro no cinema.

Para ler

- ***Leonardo da Vinci***, de Mike Venezia. São Paulo: Moderna, 1996. (Coleção Mestres das Artes).

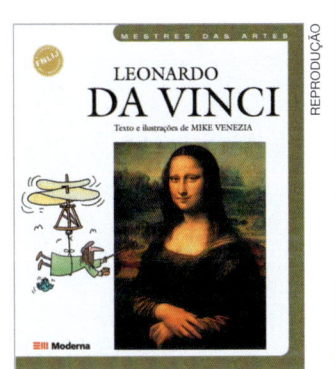

  O livro apresenta informações sobre Leonardo da Vinci e suas principais obras. É possível, por exemplo, obter mais informações sobre *A última ceia* e *Mona Lisa*, duas das mais importantes e conhecidas obras de Da Vinci.

- ***Meu museu***, de Maísa Zakzuk. São Paulo: Panda Books, 2004.

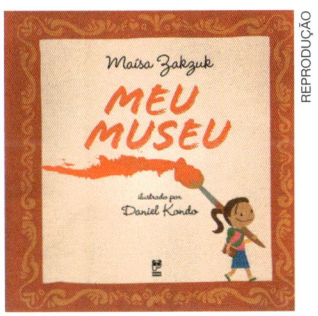

  Esse livro conta a história de uma menina que aos 9 anos faz sua primeira visita a um museu de artes e fica encantada com a beleza das obras que conhece. O museu escolhido por ela é o Masp, onde conhece obras de artistas como Monet, Di Cavalcanti, Portinari etc.

- ***O lago dos cisnes,*** de Piotr Tchaikovsky. São Paulo: Vergara & Riba, 2014.

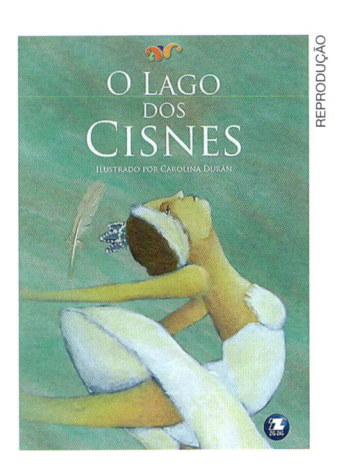

  Esse livro, adaptado especialmente para o público juvenil, narra a história da Princesa Odette, que foi infeitiçada e transformada num cisne pelo bruxo Von Rothbart. *O lago dos cisnes* é uma das obras mais importantes de Tchaikovsky. O livro também traz uma breve biografia do autor.

UNIDADE 4
ARTE E EMOÇÃO

Quando observamos uma obra de arte, nossos sentidos são despertados. Prestamos atenção a cada detalhe em busca de um significado e nos emocionamos quando estamos diante de algo que faz sentido para nós. Os materiais, as cores e os temas são alguns dos elementos utilizados pelo artista para cativar a atenção do público e inseri-lo no contexto da obra.

Começando a Unidade

1. O que você sente ao observar a imagem reproduzida nesta abertura?
2. Você reconhece os materiais usados pelo artista na criação da obra? Converse com os colegas sobre isso.
3. Como você acha que o artista Vik Muniz fez essa obra?

Detalhe de *Atlas (Carlão)* (2008), de Vik Muniz. Técnica mista composta de imagens de lixo e cópia cromogênica digital, 229,9 cm × 180,3 cm. Coleção particular.

TEMA 1

O olhar do artista

Muitos artistas recriam obras artísticas, lançando sobre elas o seu olhar.

O Atlas de Vik Muniz

A imagem reproduzida na abertura desta Unidade nos mostra um detalhe da obra *Atlas (Carlão)*, de Vik Muniz (1961-). Para produzir essa obra, o artista utilizou diversos objetos encontrados em um depósito de lixo, hoje desativado, localizado em Duque de Caxias, no Rio de Janeiro.

Vik Muniz se inspirou na pintura *Atlas*, do artista italiano Giovanni Francesco Barbieri, conhecido como Guercino (1591-1666). Veja a seguir a obra completa de Vik Muniz e a pintura que o inspirou.

Atlas (Carlão) (2008), de Vik Muniz. Técnica mista composta de imagens de lixo e cópia cromogênica digital, 229,9 cm × 180,3 cm. Coleção particular.

Atlas (1645-1646), de Guercino. Óleo sobre tela, 127 cm × 101 cm. Museu Stefano Bardini, Florença, Itália.

Atividades

1. Observe as obras *Atlas (Carlão)*, de Vik Muniz, e *Atlas*, de Guercino. Em sua opinião, que diferenças é possível perceber na postura e no olhar do personagem representado? Registre no caderno suas impressões e depois as apresente aos colegas.

2. **Você considera** uma dessas representações de Atlas mais autêntica que a outra? Discuta com seus colegas.

Releitura ou cópia?

Para fazer suas obras, muitos artistas pesquisam diversas referências, estudam a arte produzida em diferentes épocas e lugares e acompanham o trabalho de outros artistas. Esse momento de pesquisa e reflexão faz parte do processo de criação do artista. Como vimos na página anterior, para produzir *Atlas (Carlão)*, Vik Muniz se inspirou em uma pintura produzida por Guercino no século XVII.

Veja, agora, a escultura romana *Atlas Farnese*, reproduzida ao lado. Ao observar essa escultura, produzida no século II, é possível pensarmos que Guercino pode ter se inspirado nela para produzir sua pintura. Nesse caso, poderíamos afirmar que ele fez uma **releitura** da escultura romana, ou seja, ele a recriou acrescentando ou retirando elementos. Vik Muniz, por sua vez, fez uma releitura da obra de Guercino, e os dois artistas construíram um novo sentido para o mito de Atlas com base em suas experiências.

A cópia de uma obra de arte, por outro lado, consiste na tentativa de reproduzir uma obra exatamente como a original. Nesse caso, procura-se não alterar nenhuma das características apresentadas na obra original, usando a mesma técnica e os mesmos materiais e elementos visuais. Essa reprodução de uma obra será considerada uma **falsificação**, caso quem a fez tentar apresentá-la como a original, cometendo, com esse ato, crime de falsa autoria.

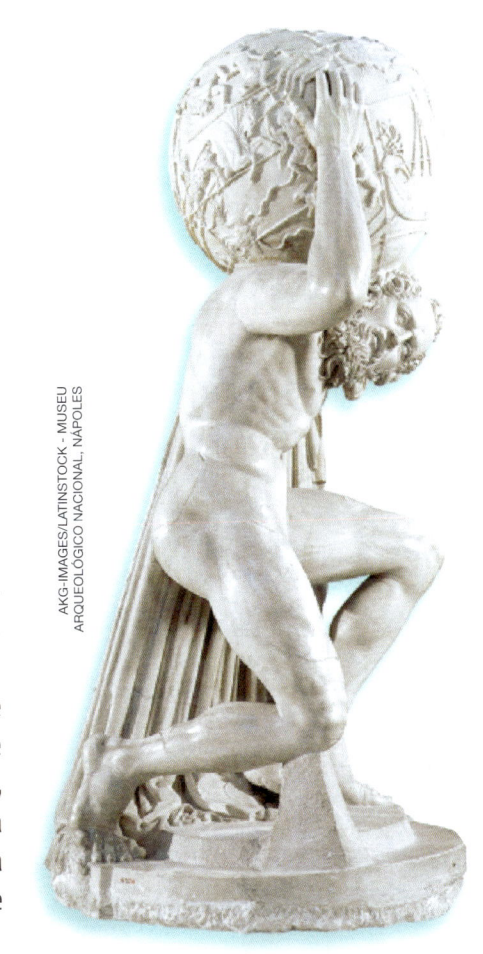

Atlas Farnese (século II), de autoria desconhecida. Escultura de mármore, 1,91 m de altura. Museu Arqueológico Nacional de Nápoles, Itália. Essa escultura é uma cópia romana de um original grego.

De olho na imagem

Conheça outras esculturas originais gregas.

Zeus ou *Poseidon* (c. 460 a.C.), de autoria desconhecida. Escultura fundida em bronze, 2,09 m de altura. Museu Arqueológico Nacional de Atenas, Grécia.

As esculturas originais gregas

Existem somente sete esculturas originais gregas feitas de bronze, pois grande parte dessas obras foi perdida ou destruída. Os romanos copiavam essas esculturas em mármore e as destruíam para aproveitar o bronze na fabricação de armas para o exército. A escultura *Zeus* ou *Poseidon* é uma das sete produções originais gregas preservadas até hoje.

As meninas

A obra reproduzida nesta página é de autoria do pintor espanhol Diego Velázquez (1599-1660) e foi produzida em meados do século XVII. Nessa época, Velázquez era responsável por pintar os retratos da corte do rei da Espanha.

As meninas representa uma cena em que aparece a família real espanhola e seus criados. A menina de cabelos claros representada no centro do quadro é a infanta Margarita (1651-1673), filha dos reis Filipe IV (1605-1665) e Maria Ana (1634-1696). Note que Margarita está cercada por suas damas de companhia.

GLOSSÁRIO

Criado: empregado doméstico.
Infanta: princesa de Portugal ou da Espanha que não era a herdeira da Coroa.

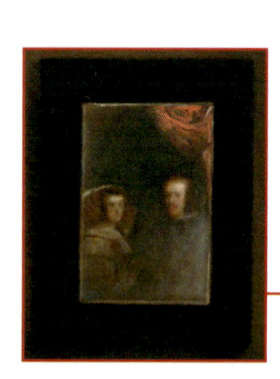

As meninas (c. 1656), de Diego Velázquez. Óleo sobre tela, 318 cm × 276 cm. Museu do Prado, Madri, Espanha.

Atividade

- Observe os detalhes da obra *As meninas* e responda. Em sua opinião, quem são as pessoas retratadas nesses detalhes? Comente com os colegas.

De Velázquez a Picasso

Um dos artistas que se inspiraram na obra *As meninas* foi o pintor espanhol Pablo Picasso (1881-1973). Ele produziu mais de 50 pinturas com base nessa obra de Velázquez.

As pinturas reproduzidas nesta página fazem parte dessa série de Picasso. Note que, em cada uma dessas releituras, o artista se expressou de maneira diferente por meio de cores, luzes e traços. Ao observarmos a obra original de Velázquez e as releituras de Picasso, percebemos que, enquanto o primeiro se preocupou em representar de forma real a corte de Filipe IV, o segundo optou por desconstruir as figuras.

As meninas (1957), de Pablo Picasso. Óleo sobre tela, 194 cm × 260 cm. Museu Picasso, Barcelona, Espanha.

As meninas (infanta Margarita Maria) (1957), de Pablo Picasso. Óleo sobre tela, 35 cm × 27 cm. Museu Picasso, Barcelona, Espanha.

A desconstrução das formas na obra de Picasso

Pablo Picasso fez parte de um movimento artístico chamado **Cubismo**. Em suas obras, é possível observar a decomposição formal das imagens e dos planos, além da integração entre o fundo e a figura. Os artistas cubistas buscavam representar todas as vistas de um objeto. Por essa razão, na obra de Picasso os elementos parecem estar recortados.

De olho na imagem

Conheça outras releituras da obra *As meninas*, de Velázquez.

Atividade prática

- Inspirado nas produções de Velázquez e de Picasso, **faça uma releitura** de *As meninas*. Você pode fazer uma pintura, uma escultura ou até mesmo uma colagem. Mostre seu trabalho para os colegas e converse com eles sobre suas motivações ao fazer a releitura.

TEMA 2

A arte barroca

Cor, luz, sombra, perspectiva e emoção: a arte barroca.

O Barroco

As obras de Guercino e de Velázquez que conhecemos nas páginas anteriores e a pintura de Rembrandt van Rijn (1606-1669) reproduzida nesta página são classificadas como obras de arte barrocas. O **Barroco** é um estilo que se originou na Itália, no final do século XVI e se estendeu pelo continente europeu no século XVII. Nesse período, a Europa estava passando por transformações políticas, sociais, culturais e religiosas que influenciaram diretamente a produção artística.

O Barroco chegou a diversos lugares do mundo. No Brasil, a arte barroca foi introduzida pelos portugueses no final do século XVI, e aqui adquiriu características próprias.

A aula de anatomia do Dr. Nicolaes Tulp (1632), de Rembrandt van Rijn. Óleo sobre tela, 169,5 cm × 216,5 cm. Museu Mauritshuis, Haia, Holanda.

Dialogando com História

Arquitetura barroca

A **arquitetura barroca** se desenvolveu principalmente nos palácios e nas igrejas. As construções barrocas valorizavam a grandiosidade das obras e a riqueza ornamental. A Igreja Católica incentivou a construção de igrejas e praças para demonstrar seu poder e riqueza. No período barroco, a preocupação com a beleza do entorno das construções impulsionou o desenvolvimento de projetos paisagísticos, como os jardins do Palácio de Versalhes, em Versalhes, na França.

Jardim do Palácio de Versalhes, em Versalhes, França. Foto de 2013.

Apelo aos sentidos

Os artistas barrocos dominaram perfeitamente as técnicas artísticas desenvolvidas no Renascimento. Diferentemente das obras do período renascentista, no entanto, que tinham por base o equilíbrio e a razão, as produções barrocas valorizavam o exagero e a intensidade das emoções. Outra característica do Barroco é a presença de linhas diagonais nas composições, que dão às cenas dinamismo e movimento.

Os artistas barrocos buscavam impressionar o observador com representações realistas e efeitos que causavam impacto visual, mediante o uso acentuado de contrastes de luz e sombras. Observe como os artistas Michelangelo Merisi da Caravaggio (1571-1610) e Rembrandt van Rijn (1606-1669) usaram esse recurso nas obras reproduzidas nesta página e na página anterior.

De olho na imagem
Conheça outras pinturas barrocas.

Para saber mais
Barroco.

Vocação de São Mateus (1598), de Michelangelo Merisi da Caravaggio. Óleo sobre tela, 340 cm × 322 cm. Igreja de São Luís dos Franceses, Roma, Itália.

DE OLHO NA OBRA

Êxtase de Santa Teresa (1645-1652), de Gian Lorenzo Bernini. Escultura de mármore, 3,50 m de altura. Igreja de Santa Maria della Vittoria, Roma, Itália.

Gian Lorenzo Bernini (1598-1680) foi um importante artista barroco. Além de escultor e pintor, Bernini foi arquiteto, decorador e urbanista. A escultura *Êxtase de Santa Teresa* foi produzida para uma capela que se encontra na Igreja de Santa Maria della Vittoria, em Roma, na Itália.

De olho na imagem
Conheça outras esculturas barrocas.

Detalhes da obra

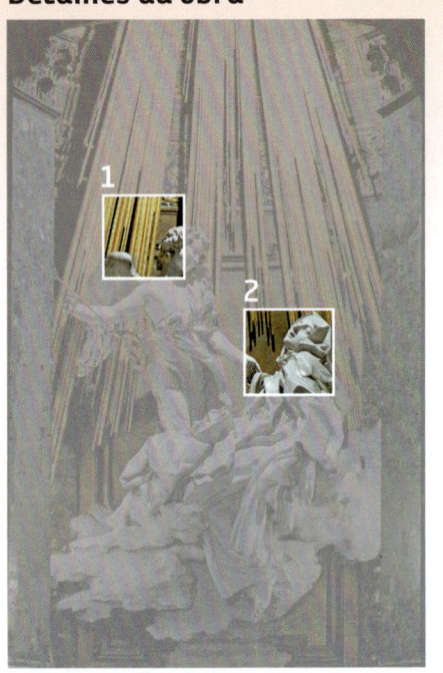

1. Arquitetura e escultura
A estrutura ao fundo revela a preocupação de Bernini em compor o espaço da capela, buscando a integração entre os elementos arquitetônicos e escultóricos. Os efeitos decorativos, especialmente os obtidos com o uso de dourado, predominam nas obras barrocas.

2. Emoção e realismo
Nessa obra, é representado com dramaticidade o momento em que, de acordo com a tradição católica, um anjo visitou Santa Teresa e a feriu com uma flecha de "amor divino". Observe no detalhe que os gestos, as expressões faciais, os movimentos e até mesmo as vestes de Santa Teresa impressionam pela representação realista.

TEMA 3

O encontro do teatro com a música

As óperas são obras dramáticas musicadas.

Carmen

A fotografia reproduzida nesta página é de uma cena da **ópera** *Carmen* (1873-1874), composta pelo francês Georges Bizet (1838-1875). Ópera é uma obra que reúne elementos da música e do teatro, em que, na maior parte das cenas, os atores representam seu papel cantando.

A ópera *Carmen* foi inspirada em um romance do escritor francês Prosper Mérimée (1803-1870). A apresentação da história é dividida em quatro **atos**, ou seja, quatro partes distintas. Bizet compôs as músicas da ópera. O libreto foi produzido por Henri Meilhac (1830-1897) e Ludovic Halévy (1834-1908).

Ambientada em Sevilha, na Espanha, no século XIX, a ópera representa a história de amor entre a cigana Carmen e Dom José, um soldado do exército espanhol. A descrição dos ambientes e dos personagens por meio da composição musical é uma das características mais marcantes dessa obra. Embora *Carmen* seja uma das óperas mais conhecidas e executadas em todo o mundo, não fez sucesso em 1875, ano de estreia. O próprio Bizet morreu sem conhecer o sucesso de sua obra.

GLOSSÁRIO

Libreto: texto para ser cantado ou recitado em uma ópera.

A origem da ópera

Acredita-se que a ópera, da maneira como a conhecemos, tenha sido produzida pela primeira vez no final do século XVI, por compositores renascentistas italianos, que desejavam resgatar o teatro grego da Antiguidade, quando a música fazia parte das apresentações. Esses compositores começaram a produzir obras que, além de cantadas, deviam ser representadas. Um dos compositores mais importantes desse período foi Claudio Monteverdi (1567-1643). Ele é autor de *Orfeo* (1607), considerada uma das primeiras e mais importantes óperas da história.

Cena da ópera *Carmen*, no Metropolitan Opera House, em Nova York, Estados Unidos, 2014.

Os cantores de ópera

Os personagens de uma ópera podem ser interpretados por homens e mulheres. A atribuição dos papéis deve respeitar a classificação das vozes conforme a altura alcançada pela voz dos atores. Vale lembrar que, em música, a altura não se refere ao volume, mas ao fato de um som ser mais grave ou mais agudo.

Na ópera *Carmen*, por exemplo, os protagonistas da história são interpretados por uma **meio-soprano**, que dá vida a Carmen, e por um **tenor**, que interpreta Dom José. Tenor é a voz masculina mais aguda e meio-soprano é a voz feminina intermediária, ou seja, que se encontra entre o soprano (mais aguda) e o contralto (mais grave).

De olho no vídeo
Assista a um trecho de uma apresentação da ópera *Carmen*.

Outras linguagens artísticas presentes na ópera

Além do teatro e da música, elementos de outras linguagens artísticas, como a dança, fazem parte dos espetáculos de ópera. Em geral, um grupo de bailarinos participa do espetáculo. Elementos como o figurino e o cenário também fazem parte da ópera e estão diretamente ligados às artes visuais.

O tenor Aleksandrs Antonenko (1975-) e a meio-soprano Anita Rachvelishvili (1984-) em cena da ópera *Carmen*, no Metropolitan Opera House, em Nova York, Estados Unidos, 2014.

Atividade

- Ouça na faixa 07 do CD um dos trechos mais conhecidos da ópera *Carmen*. Depois, responda às questões a seguir.

    a. Você consegue imaginar que personagem está sendo representado pela intérprete dessa música? Explique.

    b. Qual é a importância dos instrumentos musicais nesse trecho da música?

A orquestra

As apresentações de ópera, em geral, são acompanhadas por uma **orquestra**, conjunto de músicos que tocam diferentes instrumentos.

Existem orquestras de vários tipos. As mais completas, em que é tocado um número maior de instrumentos, são chamadas de **orquestras sinfônicas** ou **filarmônicas**. As orquestras com um número menor de instrumentos são chamadas de **orquestras de câmara**. Há, ainda, orquestras em que os músicos tocam apenas um tipo de instrumento, como as **orquestras de sopros**.

As orquestras são regidas por um **maestro**. Ele é o responsável pela indicação do momento em que cada músico deve tocar. O maestro utiliza gestos e expressões corporais para se comunicar com os músicos. Para que a apresentação ocorra da maneira combinada, cada músico deve seguir também a partitura, o registro gráfico da música.

Os instrumentos que compõem as orquestras sinfônicas são divididos em quatro grupos: o das **cordas**, como o violino, o violoncelo e o piano; o das **madeiras**, como a flauta, o oboé e o clarinete; o dos **metais**, como a trompa, o trompete, o trombone e a tuba; e o da **percussão**, como o tímpano, os pratos e o gongo. Ouça na faixa 08 do CD o som de alguns desses instrumentos.

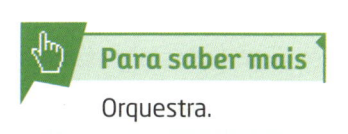

Violino. Esse instrumento de cordas produz um som agudo.

Oboé, um instrumento de sopro.

Para saber mais
Orquestra.

Trompa. Esse instrumento de sopro é envolvido por um tubo.

Gongo. Esse instrumento de percussão é um prato de metal e seu som lembra o de um trovão.

Orquestra Sinfônica Municipal de São Paulo se apresentando no Festival de Inverno de Campos do Jordão (SP), em 2009.

TEMA 4

A música barroca

Vivaldi e Bach estão entre os mais importantes representantes da música barroca.

Vivaldi

Aproximadamente entre os anos 1600 e 1750, desenvolveu-se na Europa a **música barroca**. Entre as principais características da música barroca, destacam-se o aprimoramento da escrita musical e o desenvolvimento de novos gêneros musicais, como a ópera, que conhecemos nas páginas anteriores. Entre os compositores mais importantes desse período destaca-se o italiano Antonio Vivaldi (1678-1741).

Ainda jovem, Vivaldi foi ordenado padre, mas nunca exerceu a função por causa de problemas de saúde, e passou a trabalhar em um orfanato de meninas. Nessa instituição, Vivaldi dirigiu uma orquestra e compôs diversos **concertos**, peças musicais em que um grupo de instrumentistas solistas é acompanhado por uma orquestra. A obra mais conhecida de Vivaldi é *As quatro estações* (c. 1725), composta de quatro concertos. Em cada um deles, é representada, por meio da música, uma estação do ano. *As quatro estações* é uma das obras mais executadas em todo o mundo.

Atividade prática

- Ouça na faixa 09 do CD um trecho de *As quatro estações*. Depois, responda às questões a seguir.

   a. Você já tinha ouvido essa música?

   b. Que sentimentos essa música despertou em você?

   c. Inspirado pela música de Vivaldi, faça um desenho para representar o verão. No dia agendado pelo professor, apresente sua produção aos colegas.

Retrato de Antonio Vivaldi (meados do século XVIII), autor desconhecido. Óleo sobre tela, 91 cm × 74 cm. Museu Internacional e Biblioteca da Música de Bolonha, Itália.

Bach

O alemão Johann Sebastian Bach (1685-1750) foi influenciado pela obra de Vivaldi e se tornou um importante nome da música barroca. Bach destacou-se ao escrever concertos com solos para **cravo**, um instrumento de teclas, semelhante ao piano.

Além de concertos, Bach também compôs **cantatas**, peças instrumentais e vocais, geralmente produzidas para ser executadas em datas comemorativas do calendário religioso. Uma das cantatas compostas por Bach foi a *Cantata 156*. Ouça essa música na faixa 10 do CD.

Em 2003, o cantor e compositor brasileiro Flávio Venturini (1949-) lançou a canção "Céu de Santo Amaro". Nessa canção, Venturini escreveu um poema para a *Cantata 156*, de Johann Sebastian Bach. Leia a seguir a letra dessa canção.

Céu de Santo Amaro

"Olho para o céu
Tantas estrelas dizendo da imensidão
Do universo em nós
A força desse amor
Nos invadiu...
Com ela veio a paz, toda beleza de sentir
Que para sempre uma estrela vai dizer
Simplesmente amo você...

Meu amor...
Vou lhe dizer
Quero você
Com a alegria de um pássaro
Em busca de outro verão
Na noite do sertão
Meu coração só quer bater por ti
Eu me coloco em tuas mãos
Para sentir todo o carinho que sonhei
Nós somos rainha e rei

Na noite do sertão
Meu coração só quer bater por ti
Eu me coloco em tuas mãos
Para sentir todo o carinho que sonhei
Nós somos rainha e rei

Olho para o céu
Tantas estrelas dizendo da imensidão
Do universo em nós
A força desse amor nos invadiu...
Então...
Veio a certeza de amar você."

BACH, Johann Sebastian; VENTURINI, Flávio (Adaptação e arranjo). Céu de Santo Amaro. Em: *Porque não tínhamos bicicleta*. Rio de Janeiro: Trilhos.Arte, 2003. Faixa 14.

Retrato de Johann Sebastian Bach (século XIX), de Gustav Zerner. Coleção particular.

Flávio Venturini em show no Rio de Janeiro (RJ), 2012.

Agora, ouça, na faixa 11 do CD, a canção "Céu de Santo Amaro".

João Carlos Martins: um intérprete de Bach

Artistas de todo o mundo estudam e interpretam obras de artistas como Antonio Vivaldi e Johann Sebastian Bach. Durante muitos anos, o pianista e maestro brasileiro João Carlos Martins (1940-) foi considerado um dos mais importantes intérpretes das obras de Bach.

O maestro João Carlos Martins, em São Paulo (SP), 2013.

> **A música venceu**
>
> Em 2011, a escola de samba Vai-Vai escolheu o maestro João Carlos Martins como tema para seu desfile de Carnaval. No desfile, foram representados momentos marcantes da vida e da obra do músico, destacando sua história de superação. No desfile, o maestro regeu a bateria da escola de samba. Nesse ano, a escola de samba foi campeã do Carnaval em São Paulo (SP).

João Carlos Martins iniciou sua carreira como pianista aos 13 anos e alcançou sucesso no Brasil e no exterior. Em 2002, no entanto, por causa de uma doença que provocou deformação em seus dedos, ele teve de abandonar a carreira de pianista e começou a estudar regência, tornando-se maestro.

Atualmente, o maestro é reconhecido por difundir a música erudita entre pessoas de diferentes classes sociais. Ele rege a orquestra Bachiana Filarmônica Sesi-SP, grupo que se apresenta no Brasil e no exterior.

Uma característica marcante do trabalho de João Carlos Martins é reunir música popular e erudita em seus espetáculos. Em 2013, por exemplo, ele reuniu a Bachiana Filarmônica Sesi-SP e ritmistas da escola de samba Vai-Vai em várias apresentações na cidade de São Paulo (SP).

> **Para saber mais**
>
> Instrumentos e músicos.

O maestro João Carlos Martins regendo a Bachiana Filarmônica Sesi-SP em Nova York, Estados Unidos, em 2010.

INDICAÇÕES

Para acessar

- **Palácio de Versalhes**. Disponível em: <www.chateauversailles.fr/homepage>. Acesso em: 19 jul. 2014.

    No *site* do Palácio de Versalhes, é possível acessar a planta do espaço e visitar as coleções de arte, o jardim e as salas que compõem o palácio. O *site* está em francês, porém a navegação é simples.

- **Flávio Venturini**. Disponível em: <www.flavioventurini.com.br/home>. Acesso em: 19 jul. 2014.

    Nesse *site*, é possível obter informações sobre a vida e a carreira de Flávio Venturini, além de ouvir músicas e assistir a vídeos de apresentações do artista.

Para assistir

- **Lixo extraordinário**. Direção de: Lucy Walker. Brasil, Reino Unido, 2010, 99 min.

    No documentário, é possível acompanhar o trabalho desenvolvido pelo artista plástico Vik Muniz no depósito de lixo Jardim Gramacho, na periferia de Duque de Caxias (RJ), considerado na época em que o documentário foi produzido um dos maiores aterros sanitários do mundo.

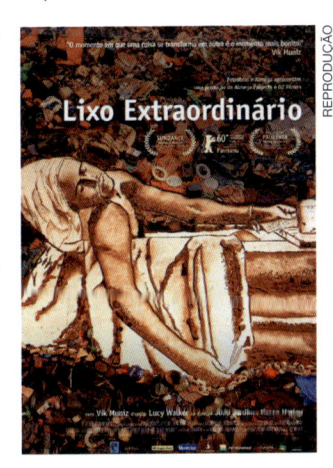

Para ler

- **A incrível história da orquestra**, de Bruce Koscielniak. São Paulo: Cosac & Naify, 2002.

    Esse livro apresenta a história da orquestra, desde sua origem até os dias atuais. O livro também traz informações sobre os diferentes instrumentos musicais que compõem a orquestra.

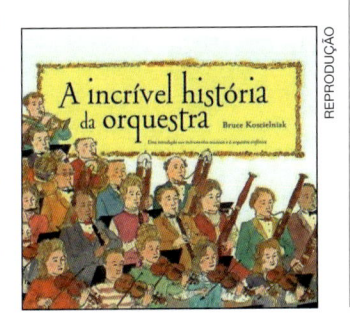

- **Carmen**, de Ruth Rocha. São Paulo: Salamandra, 2012. (Coleção Ruth Rocha apresenta).

    Nesse livro, a autora Ruth Rocha apresenta o texto da ópera *Carmen* com linguagem adaptada para o público infantojuvenil.

- **Eu, a Princesa Margarida**, de Christine Beigel. São Paulo: Melhoramentos, 2014. (Coleção Ponte das artes).

    Esse livro apresenta uma narrativa de ficção inspirado na obra *As meninas*, de Diego Velázquez.

- **Johann Sebastian Bach**, de Mike Venezia. São Paulo: Moderna, 1999. (Coleção Mestres da música).

    Esse livro apresenta detalhes da vida e da obra de Johann Sebastian Bach.

- **Rembrandt**, tradução de Mathias Abreu Filho. Barueri: Editora Girassol, 2007. (Coleção Gênios da Arte).

    Nesse livro, são apresentadas informações sobre a vida e a obra do pintor holandês Rembrandt.

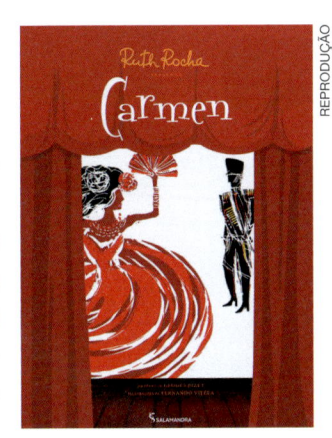

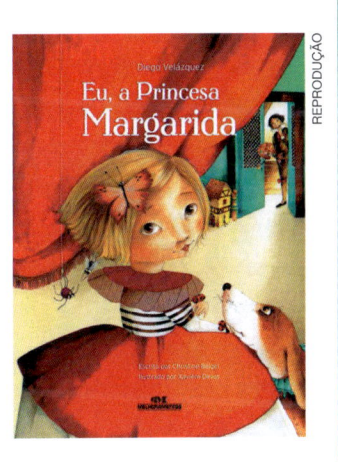

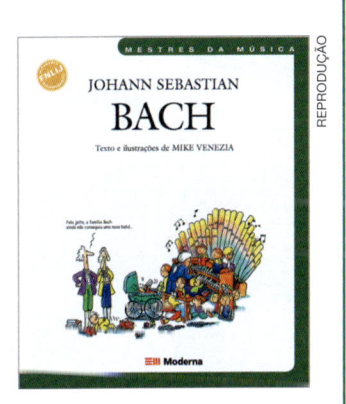

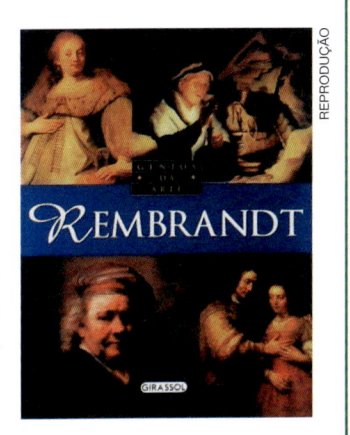

UNIDADE 5

A ARTE AFRICANA

Os atuais países africanos são multiétnicos, ou seja, compostos de vários povos, que falam diferentes línguas e apresentam valores, crenças religiosas e estruturas familiares próprias. Essa diversidade se reflete na cultura e na produção artística desses povos.

A cultura e a arte dos africanos escravizados que foram trazidos para o Brasil entre os séculos XVI e XIX influenciaram a formação da identidade do povo brasileiro e ainda hoje compõem um dos traços mais marcantes da cultura e da arte no país.

Começando a Unidade

1. O que mais chamou sua atenção na imagem reproduzida nesta abertura?
2. Em sua opinião, o que a imagem representa?
3. Quais são as influências africanas na cultura do Brasil?

Apresentação de dança por integrantes do povo dogon em Mali. Foto de 2012.

TEMA 1

A diversidade de ritmos e de sons africanos

O continente africano é rico em danças e sonoridades.

Segundo a tradição dogon, a estrutura de madeira acima da máscara simboliza a ligação dos vivos com o mundo dos mortos.

As danças tradicionais dos povos africanos

O continente africano é dividido em duas grandes regiões: a África do Norte, localizada ao norte e constituída de países com forte influência islâmica, e a África Subsaariana, localizada ao sul do Deserto do Saara.

A foto reproduzida na abertura desta Unidade retrata uma dança que faz parte da **cultura tradicional** dos dogons, povo que vive entre Mali e Burkina Faso, países localizados na África Subsaariana. O termo cultura tradicional é utilizado para referir-se às tradições, aos costumes e aos saberes milenares transmitidos por integrantes de um povo de geração para geração.

Tradicionalmente, as danças do povo dogon são realizadas por homens em diversas ocasiões, como os rituais de iniciação e os funerais. A coreografia realizada por eles é marcada por saltos e batidas dos pés no chão. O tronco, os quadris, os braços e os pés marcam a pulsação e o ritmo da dança.

Observe na foto a seguir que as vestimentas dos dançarinos são feitas de fibra vegetal tingida. Eles também usam máscaras, um elemento muito importante nas danças e nos rituais africanos.

Dialogando com Geografia

GLOSSÁRIO

Islâmico: referente ao Islamismo, religião fundada pelo profeta Maomé.

Apresentação de dança dogon. Mali, 2012.

O ritmo musical nas danças tradicionais africanas

A maior parte das danças tradicionais africanas é marcada pelo ritmo dos **tambores**. Na foto ao lado, é retratado um homem da etnia dogon tocando tambor durante a realização de uma dança. Além dos tambores, há outros instrumentos que compõem a sonoridade das danças e da música africana.

Veja a seguir alguns instrumentos africanos tradicionais.

O **corá** é um instrumento composto de 21 cordas em que o instrumentista, para produzir o som, utiliza os dedos polegar e indicador de ambas as mãos para dedilhar as cordas. Tradicionalmente, o corpo do corá é feito com uma cabaça, e as cordas, com pele de antílope.

O *mbira* é um instrumento formado por placas de metal presas a uma base de madeira. As placas são de diferentes tamanhos para reproduzir as notas musicais. O som é produzido por meio do toque dos polegares na ponta dos metais.

O **agogô** é composto de duas ou mais campânulas metálicas unidas. O som é percutido pela batida de uma vareta de madeira ou de metal. O agogô é um dos mais tradicionais instrumentos musicais africanos.

Ouça o som desses instrumentos na faixa 12 do CD.

Apresentação de dança dogon, Mali, 2008.

GLOSSÁRIO

Cabaça: recipiente arredondado feito com o fruto do cabaceiro.
Campânula: abertura mais larga em forma de sino que projeta o som.

Músico tocando corá. Esse instrumento é parecido com a harpa.

Pessoa tocando *mbira*, instrumento também conhecido como *likembe*.

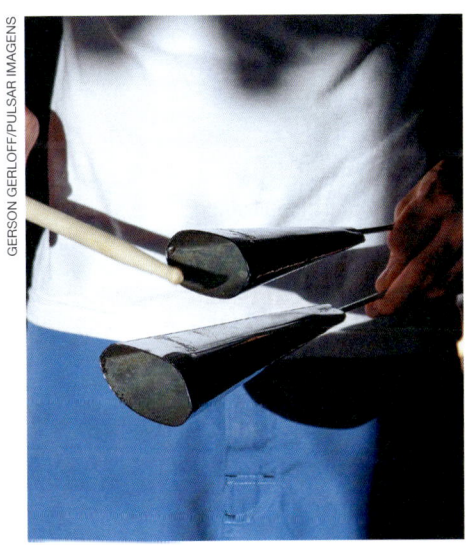

O agogô é um dos instrumentos que compõem as baterias de escolas de samba.

Os tipos de instrumentos musicais

Há diferentes tipos de instrumentos musicais. Os **cordofones** são aqueles cujo som é obtido pela vibração de uma ou mais cordas. Nos **aerofones** o som é produzido pela circulação de ar. Os **membranofones** são aqueles que possuem uma membrana esticada, tal como um tecido, pele ou material sintético. Os instrumentos que produzem som por meio da vibração do próprio corpo são chamados de **idiofones**.

Questão

- Classifique os instrumentos musicais apresentados nesta página de acordo com seu tipo: cordofone, aerofone, membranofone ou idiofone.

Quizomba, um ritmo de Angola

O continente africano, como qualquer outra parte do mundo, convive com tradições ancestrais e influências internacionais contemporâneas. Em Angola, país da costa ocidental cujo idioma oficial é o português, ritmos tradicionais da África e de outros lugares se misturaram, dando origem a ritmos como a **quizomba**, criada na década de 1950. A palavra *quizomba* tem sua origem no quimbundo, uma das línguas faladas em Angola, e significa "encontro, confraternização".

A quizomba é uma dança e um estilo musical em que se misturam a **umbigada** – movimento tradicional africano em que as pessoas se aproximam umas das outras de modo que suas barrigas se toquem – e ritmos latinos, como o merengue e o samba de gafieira. A quizomba, dança popular em várias partes do mundo, é ágil e envolve movimentos de quadris e acrobacias. Nela também é possível encontrar elementos do **semba**, considerada a dança mais representativa de Angola. Assim como a quizomba, o *semba* é dançado por casais, mas os movimentos são mais lentos e os dançarinos dançam mais próximos uns dos outros.

Além da quizomba, outra dança africana que se espalhou por todo o mundo foi o **kuduru**. Surgido nos anos 1980, o *kuduru* é resultado da mistura de elementos tradicionais de danças africanas à música *pop* e eletrônica.

Casal realizando passo de quizomba.

DE OLHO NO TEXTO

Angola é aqui

"[...] Dengo, farofa, moleque, neném, quitanda, samba... Quer palavras mais brasileiras do que estas?

De fato, são brasileiras – mas nasceram na África. Foram trazidas da vasta região costeira central do continente, onde hoje se encontram Angola e Congo. Com origem no tronco linguístico banto [...] essas palavras substituíram vocábulos portugueses que eram utilizados para os mesmos fins. [...]

A linguagem é um dos aspectos mais evidentes da contribuição cultural dos africanos trazidos para o Novo Mundo. [...]

O jongo, tão presente em comunidades negras do Sudeste brasileiro, e a congada assinalam sua herança centro-africana em versos, personagens, palavras. Os movimentos de corpo característicos de algumas danças brasileiras – sobretudo o rebolado – também têm sua origem em Angola. De lá, portanto, viria boa parte da nossa ginga. Aliás, esta é uma palavra derivada da língua quimbundo, e nomeava uma rainha africana. De nome de rainha a elemento da congada, a ginga adquiriu muitos outros significados, hoje atribuídos principalmente aos brasileiros. [...]"

LIMA, Mônica. Angola é aqui. *Revista de História da Biblioteca Nacional*. Rio de Janeiro: Biblioteca Nacional, 10 dez. 2008. Disponível em: <www.revistadehistoria.com.br/secao/capa/angola-e-aqui>. Acesso em: 24 jul. 2014.

Questão

- Com base na leitura do texto e no que você estudou até agora, responda: é possível afirmar que o Brasil é um país multicultural? Comente sua opinião com os colegas.

TEMA 2

A produção visual africana

As artes visuais na África refletem a diversidade dos povos que vivem naquele continente.

> **De olho na imagem**
> Conheça outras esculturas africanas.

Uma produção rica e diversificada

Há mais de dois mil anos os povos que vivem no continente africano produzem diferentes obras visuais, como esculturas, pinturas e gravuras. Considerando a diversidade de materiais e técnicas utilizados, a escultura pode ser considerada um destaque da produção visual da **arte africana tradicional**.

A produção visual africana está relacionada com as crenças e os mitos dos diferentes povos que as produziram e, muitas vezes, representam a relação desses povos com o sagrado. É o caso, por exemplo, das máscaras que integram danças e cerimônias tradicionais.

Outro exemplo da relação entre a arte tradicional africana e o sagrado são os **minkisi**, esculturas feitas de madeira dentro das quais, muitas vezes, são colocadas poções consideradas mágicas, como forma de garantir sucesso, proteção e boa saúde. Ainda hoje, os *minkisi* são uma das mais expressivas formas de arte praticadas em países da África. Observe a escultura abaixo, que representa um cachorro de duas cabeças. Segundo as crenças de seus criadores, essa obra simboliza a ligação do mundo dos vivos com o mundo dos mortos.

A arte africana tradicional também está relacionada a aspectos do cotidiano e da vida comunitária, como se pode observar na escultura *Maternidade* reproduzida ao lado. Essa peça foi feita por Zlan de Belewale (c. 1890-1960), escultor que produziu obras para diferentes povos de países como a Libéria e a Costa do Marfim.

Maternidade (primeira metade do século XX), de Zlan de Belewale. Escultura de madeira, alumínio, fibras vegetais e pigmentos, 63,5 cm × 20,3 cm × 16,6 cm. Museu do Quai Branly, Paris, França.

Kozo (século XIX), de autoria desconhecida. Escultura de madeira e metal, 67,5 cm. Museu Barbier-Mueller, Genebra, Suíça.

81

Romuald Hazoumè em Cotonou, República de Benin, foto de 2014.

Tradição e arte contemporânea

Os artistas africanos têm diversificado cada vez mais as técnicas e os materiais que utilizam em suas produções. Elementos da arte tradicional, no entanto, continuam presentes nas obras de muitos desses artistas. As máscaras tradicionais, por exemplo, influenciam a produção de Romuald Hazoumè (1962-), artista nascido em Porto Novo, na República de Benin.

Para criar as obras reproduzidas nesta página, Hazoumè utilizou materiais descartados e elementos comumente encontrados na arte tradicional africana, como os búzios e as contas.

As obras de Romuald Hazoumè são expostas em importantes museus e galerias do mundo todo. Além das máscaras, o artista produz pinturas, instalações e fotografias. Os galões de plástico utilizados na produção de máscaras (como *Wax Bandana* e *Godomey*, reproduzidas nesta página) são uma referência às pessoas que são forçadas a transportar gasolina contrabandeada para suprir as necessidades da população da República de Benin.

Conversa com o artista

Assista a uma entrevista com a artista plástica e professora Helô Cardoso.

Wax Bandana (2009), de Romuald Hazoumè. Escultura de plástico e tecido, 27 cm × 12 cm × 27 cm. Galeria Outubro, Londres, Reino Unido.

Godomey (1995), de Romuald Hazoumè. Escultura de plástico, contas e búzios, 48 cm × 30 cm × 10 cm. Coleção de Arte Africana Contemporânea de Jean Pigozzi, Genebra, Suíça.

Atividade prática

- Forme um grupo com quatro colegas e produzam uma máscara inspirada nas máscaras africanas. Assim como Romuald Hazoumè, vocês deverão utilizar sucata na produção da obra. No dia agendado pelo professor, apresentem aos colegas a obra feita por vocês e apreciem as produções dos outros grupos.

Atividades

1. Quais são as semelhanças e as diferenças entre as obras de Romuald Hazoumè reproduzidas nesta página?

2. O artista realizou o mesmo processo para elaborar as duas máscaras?

DE OLHO NA OBRA

No início do século XX, a arte africana influenciou a obra de muitos artistas europeus. Um deles foi Pablo Picasso (1881-1973).

As senhoritas de Avignon (1907), de Pablo Picasso. Óleo sobre tela, 2,44 m × 2,34 m. Museu de Arte Moderna (MoMA), Nova York, Estados Unidos.

Pablo Picasso

Pablo Ruiz Picasso nasceu em Málaga, na Espanha. Ele aprendeu a desenhar com seu pai, que era professor de desenho. Logo depois de sua família se mudar para Barcelona, Picasso se consagrou como pintor. Suas obras são classificadas em fases, entre elas a fase azul (composta de obras produzidas entre 1900 e 1904), a fase rosa (composta de obras produzidas de 1904 a 1906) e a fase de desenvolvimento e consolidação do **Cubismo** (a partir de 1907), movimento do qual Picasso foi o principal representante.

Detalhes da obra

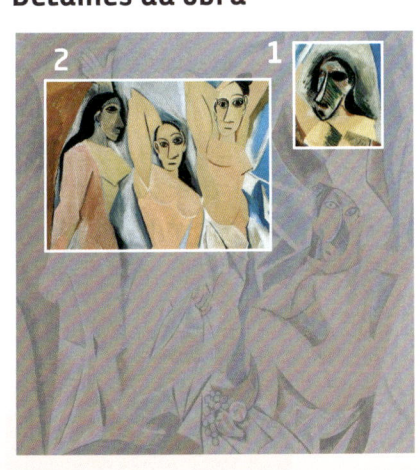

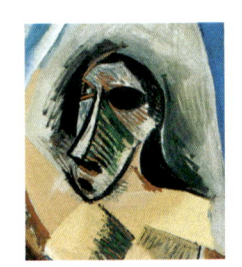

1. A influência africana
Esse detalhe revela a inspiração de Picasso nas máscaras tradicionais africanas. O artista teve contato com essas máscaras ao visitar uma exposição com obras da África e da Oceania realizada em Paris, França, em 1907.

2. Geometrização das formas
Essa obra de Picasso apresenta uma das principais características do Cubismo: a geometrização das formas. A representação dos narizes em perfil também se destaca nesse detalhe.

TEMA 3
O teatro e a oralidade na África

O teatro e a oralidade fortalecem a identidade dos povos africanos.

O teatro de Wole Soyinka

Um dos mais respeitados dramaturgos africanos é Wole Soyinka (1934-). Nascido na Nigéria e reconhecido em todo o mundo, Soyinka foi o primeiro escritor negro a receber o Prêmio Nobel de Literatura, em 1986. Além de peças de teatro, Soyinka é autor de romances e poemas, entre outros gêneros textuais.

As obras de Wole Soyinka trazem muitos elementos da cultura africana e das mudanças sociopolíticas ocorridas nos últimos anos no continente africano. *O leão e a joia* é uma de suas peças de teatro mais conhecidas. Escrita no final da década de 1950, foi publicada e encenada em diversos países. Nessa peça, Soyinka aborda os conflitos entre a tradição e a modernidade na África.

Em 2012, a Companhia Teatral Abdias Nascimento (CAN) realizou uma leitura dramática de *O leão e a joia.* Observe a imagem a seguir.

Wole Soyinka participando da 1ª Bienal Brasil do Livro e da Leitura, em Brasília (DF), 2012.

Cena da leitura dramática de *O leão e a joia*, feita pela Companhia Teatral Abdias Nascimento (CAN), em Salvador (BA), 2012.

Dialogando com Língua Portuguesa

Abdias Nascimento

Abdias Nascimento (1914-2011) foi um dos mais importantes defensores da valorização da cultura africana no Brasil. Ele escreveu diversas peças teatrais e, em 1944, fundou o Teatro Experimental do Negro (TEN). Abdias também atuou na política como deputado estadual e senador da República.

Abdias Nascimento em Salvador (BA). Foto de 2002.

Griôs: os guardiões da história

Na cultura oral africana, as experiências dos mais velhos são muito respeitadas e valorizadas, pois cabe a eles a transmissão dos saberes às gerações mais novas. Os responsáveis por essa transmissão de saberes são os **griôs**, guardiões da história e da tradição em diversas comunidades. Conhecidos como contadores de histórias e poetas populares, os griôs utilizam a música e as brincadeiras para resgatar e compartilhar suas experiências.

A tradição dos griôs ultrapassa as fronteiras da África. No Brasil, há contadores de histórias e grupos que reafirmam a importância dos griôs como elo entre as gerações. Muitas comunidades remanescentes de quilombos, por exemplo, preservam essa herança africana e mantêm a tradição da cultura oral.

Roda de contação de histórias no Quilombo do Sopapo, em Porto Alegre (RS), 2011.

Atividade

- Forme um grupo com quatro colegas e escolham uma história que vocês costumam ouvir de pessoas mais velhas (pais, avós, tios, vizinhos etc.) para contar aos demais colegas. Essa história pode ser real ou imaginária, mas é importante que ela venha sendo contada de geração para geração. Após registrar a história no papel, o grupo deverá decidir quem vai contá-la. No dia agendado pelo professor, o aluno escolhido para ser o contador deverá apresentar para a classe a história escolhida pelo grupo.

TEMA 4

As influências africanas no Brasil

A presença africana exerceu influência marcante na construção da identidade cultural brasileira.

A herança cultural africana

As fotografias desta página retratam o **Tambor de Crioula**, manifestação cultural tradicional do Maranhão que reúne elementos da dança, do canto e da percussão. Essa manifestação tem suas origens ligadas aos hábitos culturais dos africanos escravizados trazidos para o Brasil entre os séculos XVI e XIX.

Nas apresentações de Tambor de Crioula, a música se faz presente pelo ritmo de tambores – geralmente feitos de madeira e revestidos de couro nas extremidades – e pelo canto entoado por solistas ou por um coro. Ao som dos tambores e dos cantos, as mulheres se organizam em roda e realizam giros que culminam com a umbigada, movimento também conhecido por **punga**.

As vestimentas também são elementos importantes e tradicionais nas apresentações de Tambor de Crioula. As mulheres vestem saias feitas de chita. As saias são bem rodadas para acentuar os movimentos da dança. Uma blusa branca de renda, um turbante na cabeça, brincos e colares completam o vestuário feminino. Os homens, por sua vez, vestem calças e camisas de botão e usam chapéus de couro ou de palha.

Em 2007, o Instituto do Patrimônio Histórico e Artístico Nacional (Iphan) reconheceu o Tambor de Crioula como bem do patrimônio cultural brasileiro.

Além do Tambor de Crioula, diversos outros elementos de culturas africanas foram introduzidos no Brasil, constituindo a cultura **afro-brasileira**. Aspectos da língua, da culinária, da religião e das artes são exemplos de influências de povos africanos na formação da identidade cultural brasileira.

GLOSSÁRIO

Chita: tecido de algodão estampado.

Mulheres dançando em apresentação de Tambor de Crioula no Festival do Folclore de Olímpia (SP). Foto de 2007.

Grupo de percussionistas em apresentação de Tambor de Crioula no Festival do Folclore de Olímpia (SP). Foto de 2007.

As religiões afro-brasileiras e o sincretismo religioso

O Tambor de Crioula é uma manifestação cultural que representa o **sincretismo religioso** (mistura de diferentes valores e elementos religiosos) observado no Brasil, pois promove a fusão de costumes característicos de religiões de origem africana com elementos do Catolicismo.

O sincretismo religioso foi fundamental para a manutenção e a disseminação no Brasil de religiões de origem africana, como o Candomblé e a Umbanda, mesmo com a proibição de praticá-las imposta pelos colonizadores portugueses.

Durante o período colonial, como eram obrigados a seguir a religião católica, os escravos incorporavam os rituais e as práticas das religiões africanas ao Catolicismo. Dessa maneira, passaram a cultuar seus orixás como santos católicos; por exemplo, Iansã era representada por Santa Bárbara, e Ogum, por São Jorge.

O sincretismo religioso está presente até hoje na cultura brasileira. Festas, cerimônias e muitas outras manifestações culturais indicam a presença marcante das religiões afro-brasileiras.

> **GLOSSÁRIO**
>
> **Orixá:** divindade cultuada em religiões de origem africana.

Lavagem do Bonfim. Importante manifestação religiosa que envolve adeptos do Catolicismo e do Candomblé. Salvador (BA), em 2012.

A intolerância religiosa

O artigo 5º da Constituição Federal brasileira garante a todos os brasileiros a **liberdade religiosa**, ou seja, todos os cidadãos podem exercer livremente suas crenças e sua religião. Mesmo previsto por lei, no entanto, o direito à liberdade religiosa nem sempre é respeitado. Muitas pessoas, ainda hoje, são discriminadas por causa de sua religião e até impedidas de realizar seus cultos.

A intolerância religiosa é um grave problema que tem motivado conflitos em várias partes do mundo.

> **Questão**
>
> - Forme um grupo com cinco colegas e pesquisem situações no Brasil e no mundo em que o direito à liberdade religiosa não é respeitado. Recortem figuras de jornais e revistas e montem um cartaz com esse tema. No dia agendado pelo professor, apresentem-no aos demais colegas.

A arte afro-brasileira

Muitos artistas brasileiros foram influenciados pela arte e pelas tradições de povos africanos, compondo uma produção artística afro-brasileira. Um dos artistas brasileiros que receberam essa influência foi Rubem Valentim (1922-1991). Assim como os artistas que criaram algumas das obras africanas reproduzidas nesta Unidade, Rubem Valentim atribuía um caráter sagrado à sua produção, da qual o universo religioso era um dos principais temas.

As obras de Valentim seguem a tendência de **geometrização**, difundida no Brasil a partir da década de 1950. Nessas obras, os símbolos relacionados aos cultos e aos deuses africanos são compostos de linhas, triângulos, círculos, quadrados e outras figuras geométricas.

Objeto emblemático nº 4 (1969), de Rubem Valentim. Escultura de madeira, 206 cm × 75 cm × 43,5 cm. Pinacoteca do Estado de São Paulo, São Paulo (SP).

Marco sincrético da cultura afro-brasileira (1978-1979), de Rubem Valentim. Escultura de concreto, 8,2 m × 2,6 m × 0,6 m. Praça da Sé, São Paulo (SP).

DE OLHO NA OBRA

Entre os artistas brasileiros influenciados pela cultura afro-brasileira está Rosana Paulino (1967-). Em suas obras, a artista propõe reflexões a respeito da posição ocupada pelos negros, especialmente pelas mulheres, na sociedade brasileira.

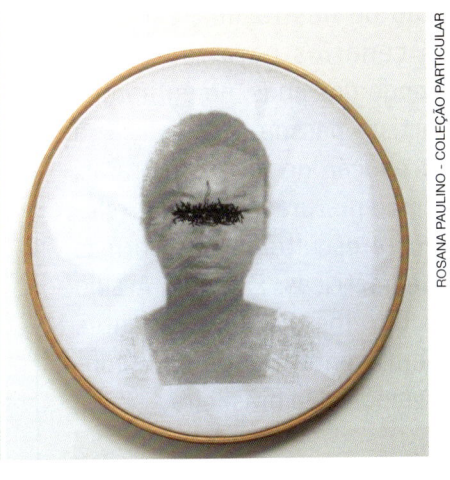

Bastidores (1997), de Rosana Paulino. Imagens transferidas sobre tecido e costura sobre bastidor, 30 cm de diâmetro (cada bastidor). Coleção particular.

Detalhes da obra

1. A técnica
Para compor sua obra, Rosana Paulino utilizou materiais inusitados, como os **bastidores** (armações de madeira nas quais se estica um tecido sobre o qual se produz um bordado) com tecido, sobre os quais transferiu as fotos e as costurou.

2. A violência doméstica e a questão racial
Rosana Paulino "costurou" os olhos da mulher retratada na figura em destaque. Com essa ação, ela procurou representar a violência doméstica, muitas vezes silenciosa, sofrida pelas mulheres. Nas outras figuras, a artista costurou outras partes do corpo das mulheres com a mesma intenção. Ao selecionar fotos de mulheres negras, a artista também chama a atenção para a discriminação racial ainda presente na sociedade brasileira.

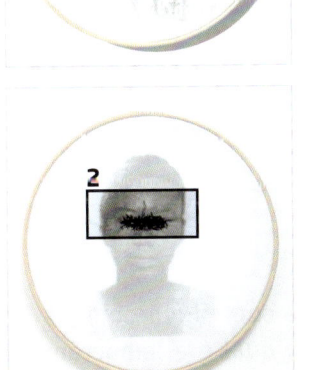

Questões

1. Em sua opinião, por que Rosana Paulino utilizou bastidores para produzir a obra reproduzida nesta página?

2. O que mais chamou sua atenção nessa obra? Comente sua opinião com os colegas.

Conversa com o artista
Assista a uma entrevista com a artista visual Rosana Paulino.

Emanoel Araújo

Emanoel Araújo nasceu em Santo Amaro da Purificação, no Recôncavo Baiano, e estudou na Escola de Belas Artes da Bahia. No início de sua carreira, Araújo trabalhou na elaboração de ilustrações, cartazes e cenários para teatro. Ao longo dos anos, no entanto, o artista passou a se dedicar à produção de obras abstratas, como pinturas, gravuras, relevos e esculturas com formas geométricas. Emanoel Araújo é um dos mais importantes representantes da arte contemporânea brasileira.

Emanoel Araújo em São Paulo (SP), 2013.

Atividade

- Reúna-se com cinco colegas e discutam: qual é a importância do trabalho de instituições como o Museu Afro Brasil e o Mafro?

Detalhe de *Painel dos Orixás* (1967-1968), de Carybé. Mural composto de painéis de madeira, dimensões variadas. Museu Afro-brasileiro da Universidade Federal da Bahia (Mafro), Salvador (BA).

A cultura africana e afro-brasileira nos museus brasileiros

Durante muito tempo, as artes africana e afro-brasileira ocuparam poucos espaços nos museus brasileiros. Nos últimos anos, no entanto, foram fundadas diversas instituições voltadas ao resgate da arte e da cultura africana e da afro-brasileira. São exemplos dessa iniciativa o Museu Afro Brasil e o Museu Afro-brasileiro da Universidade Federal da Bahia (Mafro).

O Museu Afro Brasil está localizado em São Paulo (SP) e reúne mais de 6 mil peças, entre pinturas, fotografias, esculturas e documentos, em seu acervo. Fundado por iniciativa do artista plástico Emanoel Araújo (1940-), o Museu Afro Brasil apresenta as origens, a trajetória, as lutas, as crenças e os valores dos povos africanos, além da contribuição desses povos para a construção da identidade nacional brasileira, sendo, assim, um museu histórico, artístico e etnológico.

Localizado na cidade de Salvador, na Bahia, o Mafro foi fundado em 1982 e abriga em seu acervo peças africanas e afro-brasileiras. Entre as obras de arte afro-brasileiras que compõem o acervo do museu está a obra *Painel dos Orixás*, produzido pelo artista argentino, naturalizado brasileiro, Hector Julio Paride Bernabó, o Carybé (1911-1997).

Interior do Museu Afro Brasil, em São Paulo (SP), 2011.

INDICAÇÕES

Para acessar

- **Museu de Arqueologia e Etnologia da Universidade de São Paulo (MAE-USP)** – Acervo de etnologia africana e afro-brasileira. Disponível em: <www.nptbr.mae.usp.br/acervo/etnologia-africana-e-afro-brasileira>. Acesso em: 20 out. 2014.

Nessa página, é possível conhecer obras de arte africana e afro-brasileira. Navegando pelo site do museu também é possível conhecer outros acervos como o de arqueologia brasileira e o de arqueologia pré-colombiana.

- **Portal da cultura afro-brasileira.** Disponível em: <https://www.faecpr.edu.br/site/portal_afro_brasileira/3_III.php>. Acesso em: 20 out. 2014.

O site disponibiliza informações sobre as culturas africana e afro-brasileira e apresenta obras de arte de diferentes linguagens.

- **Tambor de Crioula – Instituto do Patrimônio Histórico e Artístico Nacional (Iphan).** Disponível em: < www.iphan.gov.br/bcrE/pages/folBemCulturalRegistradoE.jsf?idBemCultural=0_%5Bd36_%4018c555 1n%5D8%3Am20852g0_%5B3y3p600001n%5D8%3Am209%2F-jlm%21%24ghi*%3Bz%40s1%5Dv0%3Ax3331n%5D8%3Am207>. Acesso em: 20 out. 2014.

Na página do Iphan, é possível obter mais informações sobre as origens do Tambor de Crioula e acessar fotos, sons e vídeos relacionados a essa manifestação cultural, reconhecida pelo Iphan, em 2007, como parte do patrimônio cultural do Brasil.

Para acessar e visitar

- **Museu Afro Brasil**
Endereço virtual: <www.museuafrobrasil.org.br>. Acesso em: 24 jul. 2014.

Endereço físico: Avenida Pedro Álvares Cabral, Parque do Ibirapuera, Portão 10. São Paulo (SP). CEP: 04094-050.

O site oficial do Museu Afro Brasil disponibiliza informações, vídeos e imagens sobre o acervo e as exposições temporárias da instituição.

- **Museu Afro-brasileiro da Universidade Federal da Bahia (Mafro)**
Endereço virtual: <www.mafro.ceao.ufba.br>. Acesso em: 24 jul. 2014.

Endereço físico: Largo do Terreiro de Jesus, sem número, Prédio da Faculdade de Medicina da Bahia. Salvador (BA). CEP: 40026-010.

Mantido pela Universidade Federal da Bahia, o Mafro disponibiliza em seu site oficial informações e imagens de peças de sua coleção.

Para ler

- ***Carybé***, de Myrian Fraga. São Paulo: Moderna, 2004. (Coleção Mestres das artes no Brasil.)

O livro conta a trajetória do artista argentino naturalizado brasileiro Carybé. São apresentadas diversas obras do artista que se dedicou à produção de obras que abordam temas como os costumes e a religiosidade de pessoas simples.

- ***O leão e a joia***, de Wole Soyinka. São Paulo: Geração Editorial, 2012.

Nesse texto dramático, Wole Soyinka explora os conflitos entre a África tradicional e a contemporânea. Ao propor uma reflexão sobre o progresso e o conservadorismo, o autor conquistou, em 1986, o Prêmio Nobel de Literatura.

- ***Tambor de Crioula***, de Gabriel Jauregui e Micaela Vermelho. Rio de Janeiro: Nau Editora, 2009.

Nesse livro, os autores utilizam fotografias para explorar o Tambor de Crioula.

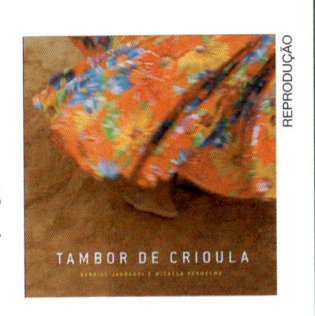

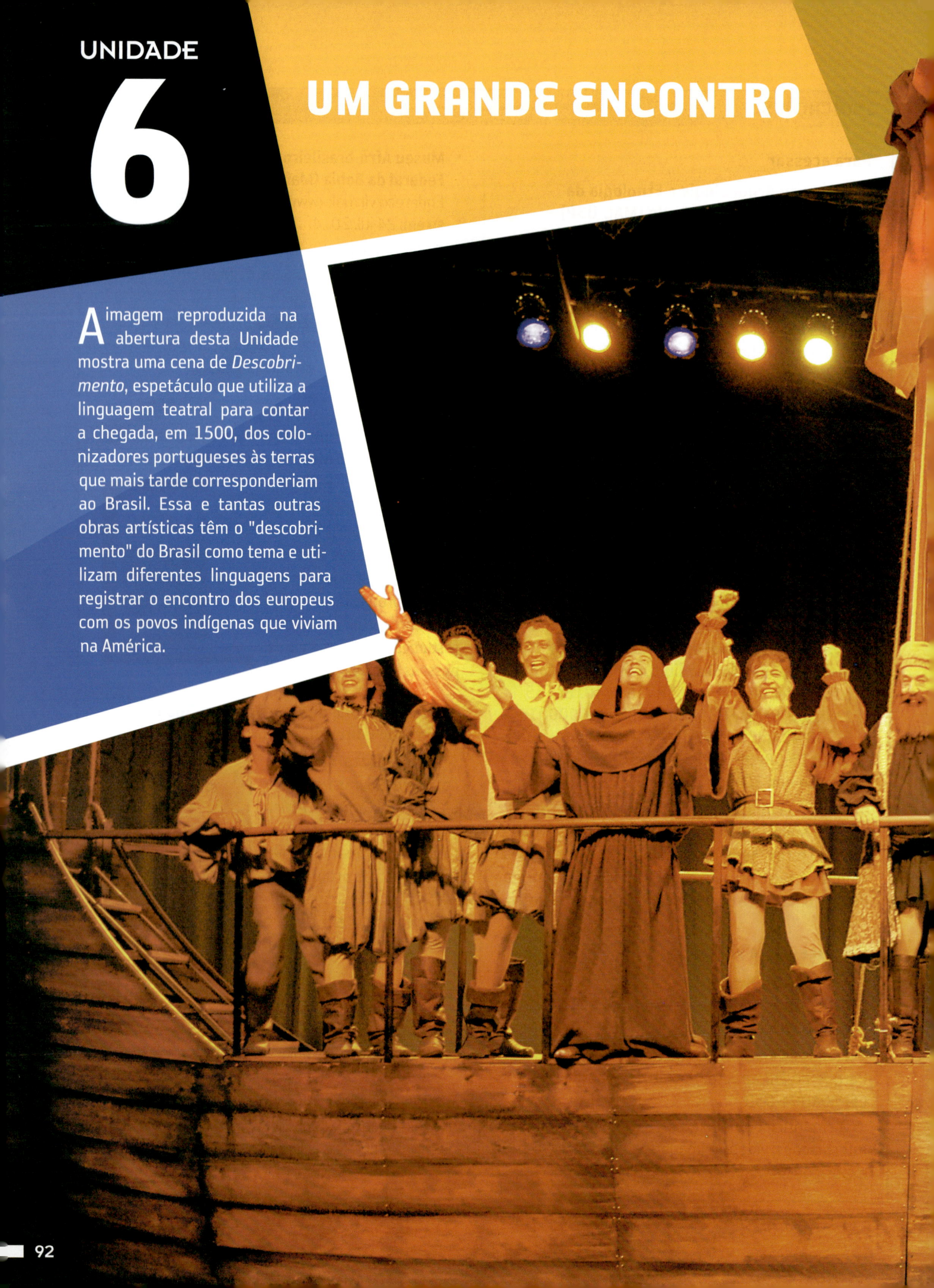

UNIDADE 6

UM GRANDE ENCONTRO

A imagem reproduzida na abertura desta Unidade mostra uma cena de *Descobrimento*, espetáculo que utiliza a linguagem teatral para contar a chegada, em 1500, dos colonizadores portugueses às terras que mais tarde corresponderiam ao Brasil. Essa e tantas outras obras artísticas têm o "descobrimento" do Brasil como tema e utilizam diferentes linguagens para registrar o encontro dos europeus com os povos indígenas que viviam na América.

Cena do espetáculo *Descobrimento*, da Associação Móbile Cultural no Teatro Kleber Junqueira, em Belo Horizonte (MG), em 2012.

Começando a Unidade

1. O que você sabe a respeito do evento histórico representado na imagem?
2. Em sua opinião, qual é a importância dos povos indígenas para a formação da identidade cultural do Brasil?

TEMA 1

A cultura indígena

As crenças, os valores e a língua são alguns dos elementos que compõem a cultura de um povo.

Dialogando com História

O encontro entre dois mundos

A chegada dos europeus à América representou o encontro de dois modos de vida muito diferentes e, por essa razão, foi marcada pela surpresa. Os indígenas estavam acostumados com o clima tropical e andavam nus. Imagine a surpresa deles quando viram os portugueses chegando com aquelas roupas pesadas, mais adequadas ao inverno europeu.

Assim como a Associação Móbile Cultural, diversos outros grupos e artistas utilizam suas produções para representar o "descobrimento" e outros eventos da história do Brasil. A fotografia a seguir, por exemplo, é de uma cena do espetáculo *Viva Brasil: uma ópera popular*. Esse espetáculo foi criado pelo coreógrafo Jaime Arôxa (1961-). Nele são utilizados elementos da dança, do teatro e da música para abordar diferentes momentos da história do Brasil.

Cena do espetáculo *Viva Brasil: uma ópera popular*, do Centro de dança Jaime Arôxa, no Rio de Janeiro (RJ), em 2012. Esse espetáculo foi apresentado em diversas cidades brasileiras e também no exterior.

Pintura histórica

O encontro entre portugueses e indígenas também foi registrado em obras de arte visuais produzidas em diferentes períodos. Veja a seguir uma das representações mais conhecidas desse evento histórico.

Desembarque de Pedro Álvares Cabral em Porto Seguro em 1500 (1922), de Oscar Pereira da Silva. Óleo sobre tela, 1,9 m × 3,3 m. Museu Paulista da Universidade de São Paulo (USP), São Paulo (SP).

Nessa obra, Oscar Pereira da Silva (1867-1939) representou o "descobrimento" do Brasil mais de quatro séculos após a chegada dos colonizadores europeus à América. Obras como a reproduzida nesta página, nas quais são representados temas e fatos históricos, são chamadas de **pinturas históricas**.

Além de pinturas históricas, Oscar Pereira da Silva produziu obras com imagens de pessoas, paisagens, temas religiosos e cenas do cotidiano.

Atividade

- Em sua opinião, a obra reproduzida nesta página é uma **representação fiel do "descobrimento" do Brasil**? Registre suas impressões nas linhas a seguir e depois as compartilhe com os colegas.

_____
_____
_____
_____

"Pindorama"

O encontro entre portugueses e indígenas também foi representado em canções. Um exemplo é "Pindorama", canção gravada pelo grupo Palavra Cantada em 1998. Leia a seguir um trecho da letra dessa canção.

Pindorama

"(Terra à vista!)
Pindorama, Pindorama
É o Brasil antes de Cabral
Pindorama, Pindorama
É tão longe de Portugal
Fica além, muito além
Do encontro do mar com o céu
Fica além, muito além
Dos domínios de Dom Manuel

Vera Cruz, Vera Cruz
Quem achou foi Portugal
Vera Cruz, Vera Cruz
Atrás do Monte Pascoal

Bem ali Cabral viu
Dia 22 de abril
Não só viu, descobriu
Toda a terra do Brasil

Pindorama, Pindorama
Mas os índios já estavam aqui
Pindorama, Pindorama
Já falavam tupi em tupi
Só depois, vêm vocês
Que falavam tupi em português
Só depois com vocês
Nossa vida mudou de uma vez
[...]"

PERES, Sandra; TATIT, Luiz. Pindorama. Em: Palavra Cantada. *Canções curiosas*. Palavra Cantada Produções Musicais, 1998. Faixa 1.

Palavra Cantada

O grupo musical Palavra Cantada foi fundado em 1994 por iniciativa dos músicos Sandra Peres (1963-) e Paulo Tatit (1955-). O grupo dedica-se à criação de canções infantis que abordam temas relacionados à história, à cultura etc. Entre as músicas do CD *Canções curiosas*, destaca-se "Criança não trabalha", composta por Paulo Tatit em parceria com o cantor e compositor Arnaldo Antunes (1960-), que aborda o trabalho infantil. O CD *Canções curiosas* recebeu diversos prêmios.

Apresentação do grupo Palavra Cantada em 2014.

Atividades

1. Segundo o trecho da letra da canção reproduzido acima, "Pindorama é o Brasil antes de Cabral". Reúna-se com quatro colegas e pesquisem o motivo dessa afirmação. Registrem as conclusões no caderno e, no dia agendado pelo professor, apresentem-nas aos demais colegas de classe.

2. Agora ouça, na faixa **13** do CD, o trecho da canção "Pindorama" que está reproduzido nesta página. Depois, responda: que recursos foram utilizados na gravação para identificar portugueses e indígenas?

3. Ouça a canção "Pindorama" completa, na faixa **14** do CD. Depois, responda: em sua opinião, o pintor Oscar Pereira da Silva e o grupo musical Palavra Cantada representaram o "descobrimento" do Brasil da mesma maneira? Explique.

Cultura ou culturas?

Chamamos de **cultura** o conjunto de conhecimentos, comportamentos, crenças, costumes etc., que caracterizam um grupo social.

Quando os portugueses chegaram à América, não havia entre eles e os indígenas uma cultura superior à outra. Havia, sim, a cultura de cada um deles. Com a conquista, porém, alguns grupos indígenas foram forçados a adaptar-se à cultura dos conquistadores europeus. Durante esse processo, por exemplo, a língua portuguesa – e não uma das línguas indígenas – tornou-se o idioma oficial do Brasil.

Os grupos dominados, contudo, também deixaram sua marca nesse processo, e suas influências culturais estão presentes em nosso dia a dia. Muitas palavras de origem indígena, como maracujá, jacaré, Sergipe e Butantã, foram, ao longo do tempo, incorporadas à língua portuguesa.

A influência indígena na formação cultural do Brasil, contudo, não ocorreu apenas na língua. Diversos hábitos, costumes e tradições indígenas fazem parte do dia a dia dos brasileiros.

Estádio Municipal Jornalista Mário Filho, conhecido popularmente como Maracanã, no Rio de Janeiro (RJ), 2014. "Maracanã" é uma palavra de origem indígena, que, em tupi, refere-se a uma espécie de ave.

As escolas indígenas

Muitos povos indígenas perderam sua língua de origem e passaram a falar apenas o português. Por essa razão, há diversos projetos que se dedicam à manutenção das línguas indígenas ainda faladas. Esses projetos são aplicados, por exemplo, nas escolas indígenas.

Nessas escolas, instaladas em comunidades indígenas, os alunos estudam a cultura tradicional de seu povo e também a do Brasil, além de aprender a língua portuguesa e a língua indígena falada na aldeia em que vivem. Para alcançar esse objetivo, os investimentos na formação de professores indígenas e na elaboração de materiais didáticos específicos têm crescido nos últimos anos.

Aula de guarani em escola indígena de São Paulo (SP), em 2011.

Dialogando com Língua Portuguesa

Atividade

- Você conhece outras **heranças culturais dos povos indígenas** que fazem parte do dia a dia dos brasileiros? Registre-as nas linhas a seguir.

TEMA 2

A arte indígena

A arte indígena é rica e diversificada.

A produção ceramista

Ao longo dos séculos, diferentes povos indígenas têm produzido obras de arte de vários tipos. Um dos elementos de maior destaque na **arte indígena** é a produção de peças de **cerâmica**, como vasos, potes, panelas, objetos rituais e decorativos etc. A cerâmica é a técnica de produzir objetos a partir da argila.

A fotografia ao lado, por exemplo, é de um prato de cerâmica produzido pelo povo Marajoara, que habitou a Ilha de Marajó entre os anos 400 e 1400.

Atualmente, a produção ceramista representa uma importante fonte de renda para vários povos indígenas. Muitas peças de cerâmica revelam uma forma característica de expressão e a permanência de saberes tradicionais dos povos indígenas que vivem no Brasil.

Cerâmica marajoara (c. 700-c. 1100), cerca de 25 cm de diâmetro. Museu de História Natural, Nova York, Estados Unidos.

Para saber mais

Oficina de cerâmica.

Mulher da etnia Waurá produzindo peça de cerâmica, em Gaúcha do Norte (MT), em 2013.

Os grafismos na arte indígena

Uma característica comum a diferentes obras visuais indígenas é a utilização de **grafismos**, desenhos que representam figuras geométricas ou imagens de pessoas e de animais. Além de ornamentar as peças, os grafismos fazem referência às crenças e aos valores do povo que as produziu. Observe, mais uma vez, os grafismos da peça reproduzida na página anterior.

Nas peças de cerâmica, os grafismos podem ser desenhados com tinta ou feitos por incisões. A imagem ao lado é de uma urna funerária marajoara, em que os grafismos foram obtidos por meio de pequenos cortes.

Os grafismos também estão presentes em outras obras características da arte indígena, como a pintura corporal e a cestaria. Observe as imagens a seguir.

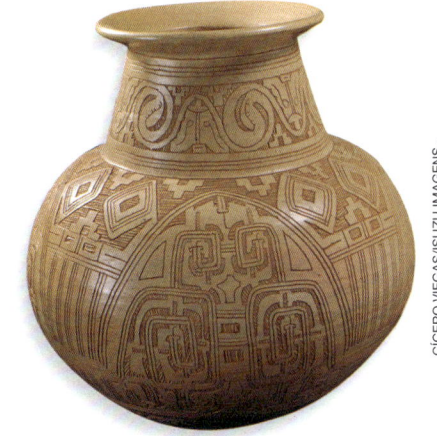

Urna funerária marajoara. Museu Paraense Emílio Goeldi, Belém (PA).

Homens indígenas participando do *Kuarup*, no Parque Indígena do Xingu (MT). Foto de 2012.

Cestaria do povo Kaiabi. Museu de Arqueologia e Etnologia da Universidade de São Paulo (MAE-USP), São Paulo (SP).

A arte kusiwa

A **arte kusiwa** é uma técnica de pintura e arte gráfica desenvolvida pelo povo indígena Wajãpi, que vive no Amapá. A forma como esse povo produz os desenhos foi o primeiro bem imaterial reconhecido pelo Instituto do Patrimônio Histórico e Artístico Nacional (Iphan) como parte do patrimônio cultural brasileiro. Os desenhos são feitos sobre o corpo ou sobre objetos com tintas elaboradas à base de urucum, jenipapo e outros elementos naturais.

Composição de padrões gráficos kusiwa.

GLOSSÁRIO

Urna funerária: espécie de vaso utilizado para armazenar os ossos ou as cinzas dos mortos.

Cestaria: técnica de produção de cestos.

Para saber mais

Formas geométricas na arte indígena.

Boneca karajá. Foto de 2009.

As bonecas karajá

O povo Karajá habita há séculos uma área localizada às margens do Rio Araguaia, nos estados de Goiás, Mato Grosso e Tocantins. Entre os principais elementos que constituem a cultura desse povo, destacam-se figuras femininas, feitas de cerâmica, chamadas de **bonecas karajá** (ou *ritxòkò*, na língua nativa).

A matéria-prima para a produção dessas peças é uma mistura de barro com cinzas de madeira. Essa mistura facilita o manuseio da massa e dá mais consistência às peças. Depois de modeladas, as peças passam por um processo de secagem e queima. Em seguida, são decoradas com grafismos e outros tipos de desenho.

Apenas as mulheres participam da produção dessas bonecas, que, em várias aldeias Karajá, representa a única fonte de renda das famílias. Todas as mulheres aprendem a modelar desde a infância, mas o título de ceramista é concedido apenas àquelas que dominam todos os processos da produção. Aos homens, cabe a coleta e o transporte da matéria-prima.

O modo de fazer as bonecas é transmitido de uma geração a outra; por isso, em 2012, foi reconhecido pelo Iphan como parte integrante do patrimônio cultural brasileiro.

> **GLOSSÁRIO**
>
> **Queima:** processo pelo qual peças de cerâmica são expostas indiretamente ao fogo para completar a secagem e o cozimento, tornando-se resistentes e impermeáveis.

Atividade prática

- Utilizando argila como matéria-prima, produza uma peça de cerâmica, seguindo os **procedimentos** a seguir. A peça não precisa ser um objeto utilitário. Pode ser uma escultura abstrata ou figurativa (com forma animal, humana etc.).

Materiais
- Barra de argila
- Pedaço de plástico ou de madeira
- Água
- Recipiente para colocar a água
- Palitos de churrasco
- Panos para a limpeza

Procedimentos

1. Escolha o tema de sua obra. Se julgar necessário, faça um desenho da escultura que irá produzir. Isso poderá ajudar no momento da modelagem.
2. Pegue sua barra de argila e a coloque sobre uma base para modelá-la. Pode ser um pedaço de plástico ou de madeira. Lembre-se de que a argila precisa ser amaciada para eliminar as bolhas de ar.
3. Usando a água para amolecer a argila, modele sua peça de acordo com a forma e o volume desejados.
4. Utilize o palito de churrasco para fazer incisões em sua peça e para assinar sua obra.
5. Deixe a peça secar.

DE OLHO NA OBRA

Diadema de plumas produzido pelo povo Kayapó. Adorno de penas e fios de algodão, 53 cm de altura. Museu de Arqueologia e Etnologia da Universidade de São Paulo (MAE-USP), São Paulo (SP).

A **arte plumária**, como é conhecida a produção de peças com penas e plumas, é uma das mais características produções da arte indígena. No Brasil, a arte plumária é desenvolvida por povos de diferentes etnias.

Os Kayapó

Os Kayapó vivem nos estados de Mato Grosso e Pará, em aldeias localizadas ao longo dos Rios Iriri, Bacajá e Fresco e de afluentes do Rio Xingu. Segundo dados da Fundação Nacional de Saúde (Funasa), em 2010, havia 8 mil pessoas dessa etnia no Brasil.

De olho na imagem
Conheça mais obras de arte plumária.

Detalhes da obra

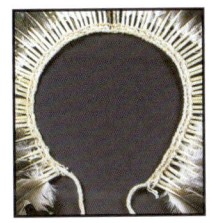

1. O diadema
Os **diademas** são enfeites de cabeça em formato semicircular utilizados por diferentes povos indígenas. A peça em destaque nesta página só pode ser usada por homens durante rituais tradicionais dos Kayapó.

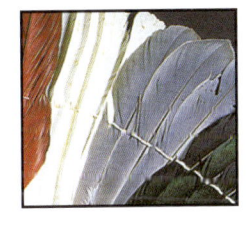

2. As penas
Na peça foram utilizadas penas de diferentes cores. As penas são unidas por um fio de algodão.

3. A base
O suporte no qual as penas são fixadas é feito com fios de algodão trançados.

TEMA 3

As músicas e as danças indígenas

A música e a dança fazem parte do dia a dia dos indígenas.

As cerimônias indígenas

Uma das características mais importantes das comunidades indígenas brasileiras é o sentido de coletividade. Por essa razão, é comum que se reúnam em grupos para realizar suas atividades. Entre as atividades coletivas realizadas nas aldeias indígenas, destacam-se o canto e a dança.

Indígenas de vários grupos acreditam que, por meio dos cantos e dos movimentos do corpo, é possível relacionar-se com o sagrado. Por essa razão, a música e a dança integram rituais e cerimônias realizados para demonstrar gratidão e fazer preces. É o caso, por exemplo, do *Kuarup*, ritual funerário que conhecemos na Unidade 1.

Na foto desta página, foi retratada uma cerimônia realizada pelos Xavante, indígenas que vivem no estado de Mato Grosso. Homens de diferentes idades participam desse ritual, que reúne elementos da dança e da música. Essa é uma das atividades que marcam o momento em que os meninos estão sendo preparados para a vida adulta.

A "casa dos solteiros"

A primeira fase da preparação dos meninos Xavante para a vida adulta ocorre entre 7 e 10 anos de idade. Os meninos dessa faixa etária são separados de suas famílias e passam a morar na "**casa dos solteiros**", onde permanecem de um a cinco anos. Na "casa dos solteiros", os meninos são orientados e preparados por homens mais velhos, os padrinhos. Esse período de preparação é encerrado com uma cerimônia em que os meninos têm as orelhas furadas e passam a ser reconhecidos como adultos. Entre os Xavante, as meninas são consideradas adultas quando têm o primeiro filho.

Atividade prática

- A formação circular está presente em grande parte dos rituais indígenas. Neles, homens e mulheres se organizam em uma grande roda e realizam movimentos e sons de forma sincronizada. As batidas dos pés no chão, por exemplo, marcam o ritmo e produzem o som que estrutura muitos desses rituais. Forme um grupo com mais cinco colegas e elaborem uma sequência de movimentos, seguindo os ritmos propostos pelo professor. A movimentação deve ser em círculo e sincronizada. Após a criação dos movimentos, apresentem o resultado para a turma e, em seguida, compartilhem com os colegas e com o professor o que sentiram ao realizar essa atividade.

Dança de preparação para a furação de orelha, em Canarana (MT). Foto de 2001.

Instrumentos musicais indígenas

Há diversas culturas indígenas no Brasil e, consequentemente, as músicas e os instrumentos musicais indígenas são também muito variados. De maneira geral, eles são produzidos com elementos encontrados na natureza, como bambu, cipó, palha, sementes e grãos.

Um dos mais tradicionais instrumentos musicais indígenas é o **chocalho**. O som desse instrumento de percussão é geralmente produzido por sementes, pedras ou outros materiais que percutem dentro de uma cabaça ou outro objeto de mesmo formato. Os chocalhos podem ser amarrados ao corpo, como pulseiras ou tornozeleiras. Nesse caso, o som é produzido por meio dos movimentos do corpo. Eles também podem estar separados do corpo e, nesse caso, são tocados com as mãos.

Outro instrumento de percussão indígena é o **tambor**. Nele, o som é percutido pelo toque das mãos, dos pés ou de uma baqueta. Na produção dos tambores, são utilizados diferentes materiais. Há tambores feitos de cerâmica, de madeira, de pele etc.

Há também instrumentos musicais de sopro, como a **flauta**. As flautas são produzidas por diferentes povos e muitas vezes ocupam papel de destaque em cerimônias e rituais, como as uruás, que conhecemos na Unidade 1.

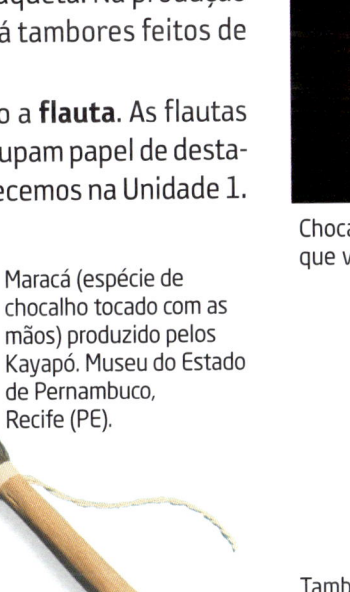

Chocalho de pequi produzido pelos Panará, que vivem no Mato Grosso e no Pará.

Flauta produzida pelos Parakanã, que vivem no Pará. Museu do Estado de Pernambuco, Recife (PE).

Maracá (espécie de chocalho tocado com as mãos) produzido pelos Kayapó. Museu do Estado de Pernambuco, Recife (PE).

Tambor com baquetas produzido pelos Ka'apor, grupo que vive no Maranhão. Museu de Arqueologia e Etnologia da Universidade de São Paulo (MAE-USP), São Paulo (SP).

Grupo Experimental de Música (GEM)

Sons e instrumentos tradicionais influenciam a produção de muitos músicos contemporâneos. O músico e artista plástico Fernando Sardo (1963-), por exemplo, realiza, desde a década de 1980, pesquisas relacionadas aos sons e aos ritmos tradicionais de diferentes culturas, como as indígenas, as africanas, a indiana etc. Com base nessas pesquisas, Sardo, que também é *luthier* (profissional que constrói ou conserta instrumentos musicais, especialmente os de corda), explora o potencial sonoro de diferentes materiais e os utiliza para construir instrumentos musicais, esculturas e instalações sonoras. Essa experiência levou o músico a idealizar, em 2003, a criação do Grupo Experimental de Música (GEM), que aparece na foto reproduzida na capa deste volume.

Atividade prática

- Utilize os materiais e siga os procedimentos abaixo para fazer um maracá.

Materiais

- Garrafa PET pequena
- Grãos de arroz, sementes ou pedras pequenas
- Folhas de jornal
- Fita adesiva
- Colas coloridas
- Fitas adesivas coloridas

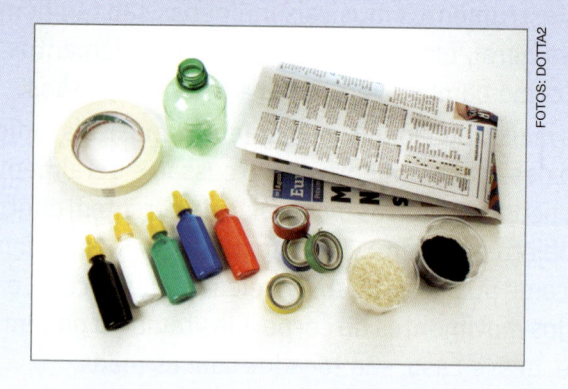

FOTOS: DOTTA2

Procedimentos

1. Retire o rótulo da garrafa PET, lave-a bem e deixe-a secar.

2. Insira os grãos de arroz, sementes ou pedras no interior da garrafa.

3. Pegue folhas de jornal, enrole-as e cubra-as com fita adesiva para produzir um cabo para seu maracá, que deve ter cerca de 15 centímetros.

4. Use fita adesiva para prender a garrafa ao cabo feito com as folhas de jornal.

5. Decore a garrafa com cola colorida. Você pode fazer desenhos inspirados nos grafismos indígenas.

6. Utilize as fitas adesivas coloridas para decorar o cabo do maracá.

7. Seu maracá está pronto. Agora explore as possibilidades sonoras de seu instrumento.

8. Em parceria com um colega de classe, crie uma sequência de sons com os maracás.

TEMA 4

Jogos e brincadeiras indígenas

Os indígenas realizam vários jogos e brincadeiras.

Atividade recreativa no Xingu

A experiência de viver coletivamente está presente nos jogos e brincadeiras realizadas por diferentes povos indígenas. Essas atividades recreativas envolvem crianças e adultos.

Os Kalapalo, por exemplo, que vivem no Parque Indígena do Xingu, no Mato Grosso, realizam diversos jogos e brincadeiras em seu dia a dia. Essas atividades estão relacionadas às tradições do grupo e são transmitidas de geração para geração. O **heiné kuputisü** é um jogo realizado por homens de diferentes idades. Nesse jogo, os competidores devem correr num pé só uma distância predeterminada. Todos os que alcançam a meta definida são considerados vencedores.

Atividade prática

- Seguindo as orientações do professor, vá com seus colegas para a quadra ou para o pátio da escola e recriem o *heiné kuputisü*, jogo tradicional dos Kalapalo.

Dialogando com Ed. Física

Membros da etnia Kalapalo realizando o jogo *heiné kuputisü*. Parque Indígena do Xingu (MT), em 2005.

Pião feito com cabaça, vareta de madeira e corda de tucum, uma espécie de palmeira. Museu do Estado de Pernambuco, Recife (PE).

Brinquedos indígenas

As crianças indígenas utilizam diferentes brinquedos em seus momentos de descontração. Esses brinquedos, em geral, são fabricados pelos adultos com matérias-primas retiradas da natureza. Veja ao lado dois instrumentos utilizados pelas crianças da etnia Canela, que vivem no Maranhão.

Alguns brinquedos indígenas ultrapassaram os limites das comunidades e são utilizados por crianças de todo o Brasil. Um deles é a **peteca**. Geralmente os indígenas produzem a peteca com palhas de milho secas. A palavra *peteca* é de origem tupi e significa "bater".

Casal de bonecos produzidos com talos da árvore buriti e pintados com breu, líquido escuro obtido de algumas plantas. Museu do Estado de Pernambuco, Recife (PE).

Meninos da etnia Guarani Mbya brincando com peteca em São Paulo (SP), 2009.

Atividades

1. Você sabe jogar peteca? Converse sobre o assunto com os colegas.

2. Forme um grupo com cinco colegas e pesquisem outros brinquedos, brincadeiras e jogos tradicionais no Brasil. Registrem os resultados da pesquisa nas linhas a seguir e, no dia agendado pelo professor, apresentem-nos aos demais colegas de classe.

INDICAÇÕES

Para acessar

- **Coleção Etnográfica Carlos Estevão de Oliveira.** Disponível em: <www.ufpe.br/carlosestevao/index.php>. Acesso em: 1º ago. 2014.

  Nesse *site*, é possível conhecer o acervo de peças indígenas que o advogado, poeta e folclorista Carlos Estevão de Oliveira reuniu entre 1908 e 1946.

- **Povos Indígenas no Brasil Mirim – Instituto Socioambiental (ISA).** Disponível em: <http://pibmirim.socioambiental.org/pt-br>. Acesso em: 1º ago. 2014.

  Esse *site* é destinado ao público infantojuvenil e dispõe de jogos, brincadeiras e informações sobre os diversos povos indígenas que vivem no Brasil.

Para acessar e visitar

- **Museu do Índio**

  Endereço virtual: <www.museudoindio.gov.br>. Acesso em: 1º ago. 2014.

  Endereço físico: Rua das Palmeiras, 55, Botafogo. Rio de Janeiro (RJ). CEP: 22270-070.

  O Museu do Índio é mantido pela Fundação Nacional do Índio (Funai). A entrada no museu é gratuita. Se você não pode visitá-lo pessoalmente, acesse o *site* e realize uma visita virtual a fim de conhecer parte do seu acervo.

- **Museu Paraense Emílio Goeldi**

  Endereço virtual: <www.museu-goeldi.br/portal/home>. Acesso em: 1º ago. 2014.

  Endereço físico: Avenida Magalhães Barata, 376, São Braz. Belém (PA). CEP: 66040-170.

  O Museu Paraense Emílio Goeldi foi fundado em 1866 e destina-se ao estudo e à divulgação dos sistemas naturais e socioculturais da Amazônia.

Para ler

- **Brinquedos e brincadeiras**, de Nereide Schilaro Santa Rosa. São Paulo: Moderna, 2001. (Coleção Arte e raízes).

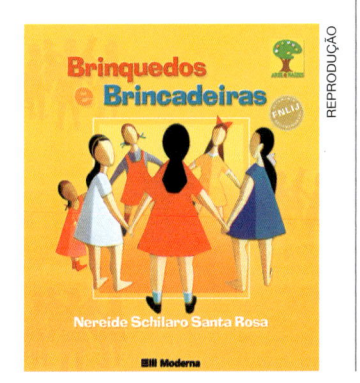

  Esse livro apresenta diferentes brinquedos e brincadeiras que fazem parte do folclore brasileiro, muitos deles herdados dos povos indígenas.

- **Coisas de índio**, de Daniel Munduruku. São Paulo: Callis, 2000.

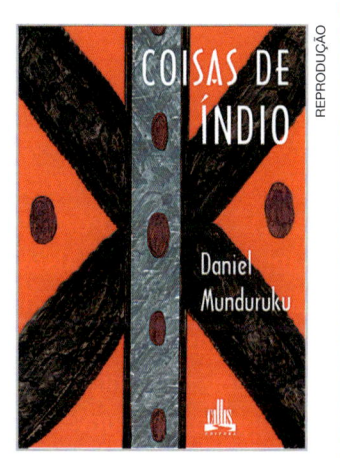

  Esse livro traz informações culturais sobre os povos indígenas brasileiros, como hábitos alimentares, arte, língua e moradia. O escritor indígena Daniel Munduruku já recebeu prêmios no Brasil e no exterior por suas publicações.

- **Mitos indígenas**, de Betty Mindlin. São Paulo: Ática, 2006. (Coleção Para gostar de ler).

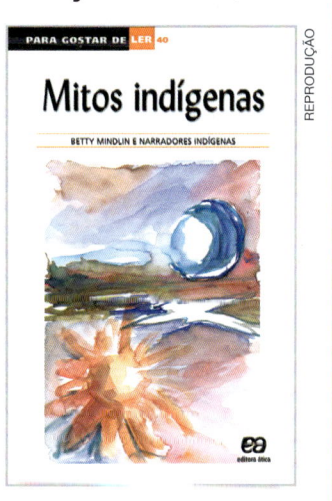

  Esse livro apresenta as riquezas culturais e mitológicas de dez povos indígenas da Amazônia em 28 narrativas. A partir da leitura desses mitos é possível compreender aspectos do pensamento e do modo de vida dos povos indígenas.

Para ouvir

- **Canções curiosas**, de Palavra Cantada. MCD, 1998.

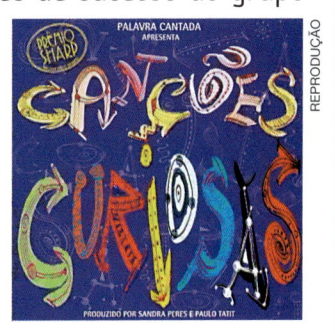

  Esse CD reúne canções de sucesso do grupo Palavra Cantada, como "Criança não trabalha" e "Rato", que conta a história de um rato que quer se casar com a Lua. Esse CD traz ainda a canção "Pindorama", que conhecemos nesta Unidade.

UNIDADE 7
ARTE E CATEQUIZAÇÃO

Na época do "descobrimento", os ensinamentos da Igreja Católica constituíam a base da cultura de Portugal, da Espanha e de outros países católicos. Por isso, muitos padres foram enviados para a América com a missão de transmitir ensinamentos religiosos aos povos indígenas. A foto desta abertura é das ruínas de uma igreja construída no Brasil durante os anos de colonização. Essa e tantas outras construções revelam as heranças culturais de países europeus nas cidades brasileiras.

Começando a Unidade

1. Que elementos da foto desta abertura mais chamaram sua atenção?
2. O que você sabe a respeito da ação dos jesuítas no Brasil?

Ruínas da Igreja de São Miguel Arcanjo, em São Miguel das Missões (RS), 2013.

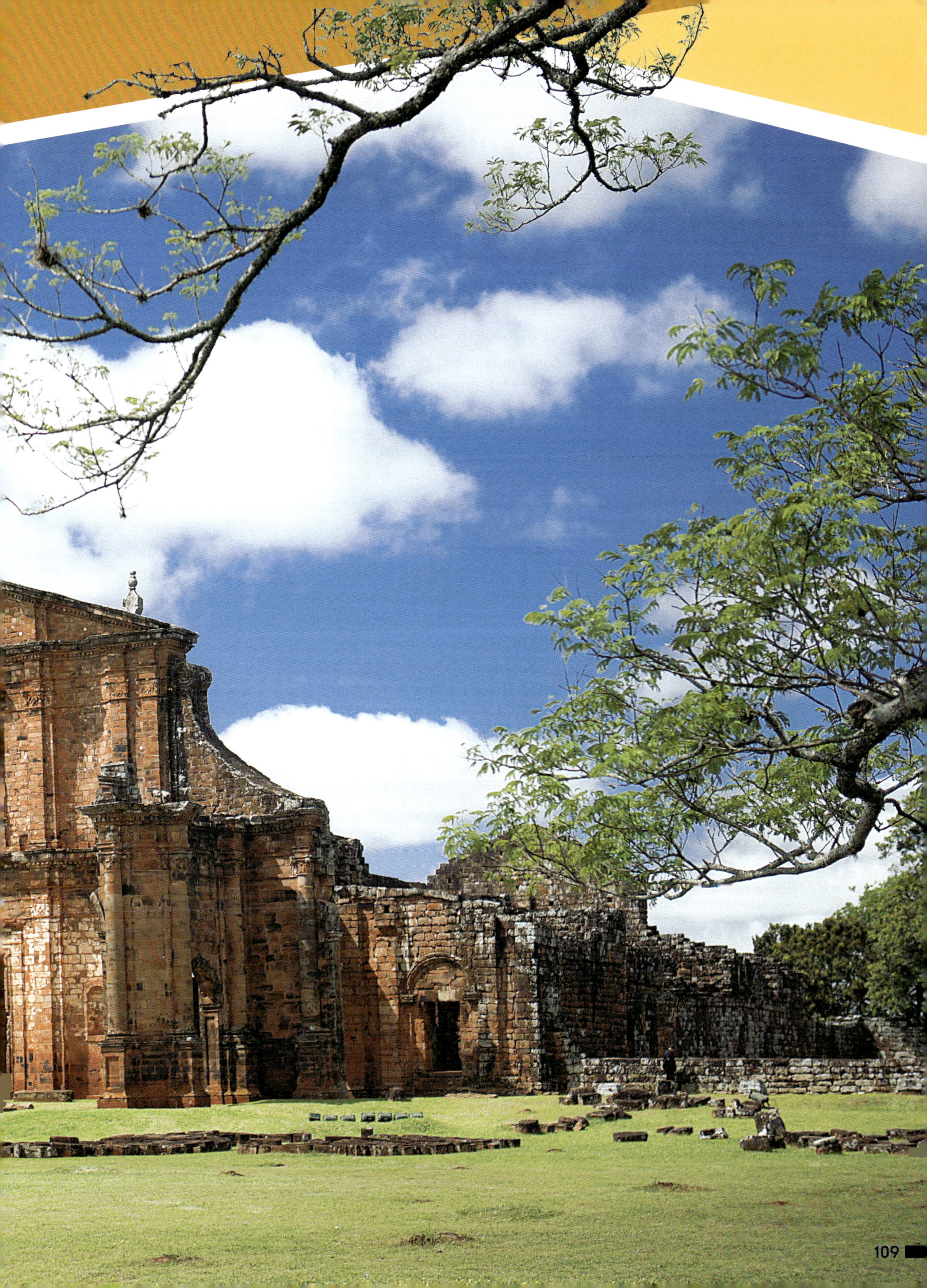

TEMA 1

As missões

Nas missões, os colonizadores impunham aos indígenas o modo de vida cristão.

Dialogando com História

Escultura sacra de madeira produzida em São Miguel das Missões no século XVII.

GERSON GERLOFF - MUSEU DAS MISSÕES, SÃO MIGUEL DAS MISSÕES

Os Guarani

Quando os colonizadores europeus chegaram à América, os Guarani formavam um conjunto de povos que tinham a mesma origem, falavam a mesma língua e tinham valores culturais parecidos. Atualmente, os indígenas da etnia Guarani que vivem no Brasil dividem-se em três grandes grupos: o dos Mbya, o dos Kaiowá e o dos Ñandeva.

São Miguel das Missões

Na época do "descobrimento", muitos padres foram enviados para o Brasil com a missão de catequizar os povos indígenas. Chamados **jesuítas**, esses padres faziam parte de uma ordem religiosa chamada Companhia de Jesus.

Para facilitar a catequização, os jesuítas instalaram na colônia diversos aldeamentos chamados **missões**. Nesses aldeamentos, os religiosos impunham um modo de vida cristão, levando os indígenas a abandonar suas crenças e valores.

As ruínas que aparecem na foto reproduzida na abertura desta Unidade são de uma igreja que se encontra no sítio arqueológico de **São Miguel das Missões**, aldeamento fundado no século XVII por jesuítas espanhóis que se instalaram nas terras que correspondem ao atual estado do Rio Grande do Sul. Na missão de São Miguel viviam os Guarani, indígenas que atualmente habitam diversas regiões do Brasil, da Bolívia, do Paraguai e da Argentina.

Além da igreja, havia outras construções em São Miguel das Missões, como uma praça, um colégio, um cemitério e casas em que moravam os indígenas. Ao longo dos anos, em decorrência de diversas disputas e do abandono, as construções do aldeamento foram destruídas. Hoje, restam apenas ruínas no local.

O interior da igreja era ornamentado com pinturas e esculturas sacras. Muitas dessas peças, ao longo dos anos, foram roubadas ou destruídas, mas algumas esculturas e fragmentos de antigas construções missioneiras foram preservados. Eles estão no Museu das Missões, instalado no sítio arqueológico.

Detalhe de ruínas da Igreja de São Miguel Arcanjo, em São Miguel das Missões (RS), 2008.

MAURICIO SIMONETTI/PULSAR IMAGENS

GLOSSÁRIO

Catequizar: transmitir a alguém ensinamentos religiosos.
Sítio arqueológico: local onde se encontram vestígios e evidências do passado.

Novas floras do Sul

A artista Maria Elvira Escallón (1954-) nasceu na Inglaterra, mas vive em Bogotá, na Colômbia. Convidada para fazer parte de uma exposição, em 2011, na cidade de Porto Alegre (RS), a artista decidiu produzir suas obras no sítio arqueológico de São Miguel das Missões.

Maria Elvira realizou uma **intervenção** na paisagem original do sítio arqueológico. Em artes visuais, chamam-se intervenções as interferências artísticas em elementos preexistentes no espaço. A essa intervenção, a artista deu o nome de *Novas floras do Sul*. Veja nesta página algumas fotos dessa obra.

Maria Elvira Escallón ao lado de uma de suas obras em São Miguel das Missões (RS), em 2011.

Novas floras do Sul (2011), de Maria Elvira Escallón. Talha sobre árvores nativas do sítio arqueológico de São Miguel das Missões (RS).

Para chegar aos resultados vistos nas obras reproduzidas nesta página, Maria Elvira Escallón entalhou elementos característicos da arte e da arquitetura missioneira em troncos de árvores nativas. Nesse trabalho, a artista contou com a colaboração de um entalhador que vive na região. As intervenções da artista, de caráter temporário, foram transformadas e até mesmo apagadas pela ação do tempo. As fotografias feitas das obras, no entanto, compõem o registro desse trabalho.

Novas floras do Sul (2011), de Maria Elvira Escallón. Talha sobre árvores nativas do sítio arqueológico de São Miguel das Missões (RS).

Atividades

1. Que semelhanças podem ser observadas entre essas obras de Maria Elvira Escallón e as imagens reproduzidas na página anterior?

2. Em sua opinião, qual foi a intenção de Maria Elvira Escallón ao produzir essas obras?

TEMA 2

As heranças europeias

Os jesuítas introduziram vários elementos da cultura europeia no Brasil.

A ação dos jesuítas

Em sua ação missionária, os jesuítas fundaram no Brasil uma série de colégios. Esses colégios seguiam os modelos europeus e eram usados para difundir os valores e as crenças católicos.

O padre José de Anchieta (1534-1597) – um dos jesuítas representados na obra reproduzida nesta página – aprendeu a língua dos indígenas. Ele foi o responsável pela organização da primeira gramática considerada brasileira, em língua tupi. Esse conhecimento da cultura indígena facilitava o contato com os nativos e também a dominação e a catequização desses povos.

Anchieta e Nóbrega na cabana de Pindobuçu (1920), de Benedicto Calixto. Óleo sobre tela, 42,5 cm × 65,8 cm. Coleção particular.

Atividade

- O que mais chamou sua atenção na tela reproduzida nesta página? Registre suas impressões no caderno e, depois, as compartilhe com os colegas.

A arte como instrumento de catequização

Para disseminar os valores católicos, além da língua, os jesuítas utilizaram elementos da arte. Nas missões jesuíticas, por exemplo, os prédios e as imagens sacras tinham função catequética. Para alcançar esse objetivo, os padres jesuítas introduziram elementos do **Barroco** europeu nas construções e nas esculturas missioneiras, consideradas as mais antigas influências do Barroco no Brasil.

A Igreja de São Miguel Arcanjo, cujas ruínas vimos na abertura desta Unidade, por exemplo, foi construída de acordo com os padrões da **arquitetura barroca**. Acredita-se que a construção da igreja tenha começado por volta do ano 1735 e tenha durado cerca de 10 anos. O projeto da igreja é atribuído a Gian Battista Primoli (1673-1747), arquiteto que atuou em diversos agrupamentos jesuítas na América. Estudos apontam que uma das inspirações do arquiteto foi a parte central da fachada da Igreja de Jesus (1568-1575), a sede da Companhia de Jesus, em Roma, na Itália.

Observe na foto que a fachada da Igreja de Jesus é majestosa e parece "convidar" os fiéis a entrar. Essa é uma característica marcante da arquitetura barroca, pois, no contexto da Contrarreforma, a Igreja Católica tentava evitar a perda de fiéis.

Fachada da Igreja de Jesus, em Roma, Itália. Foto de 2014.

As esculturas missioneiras

As esculturas missioneiras revelam que, no Brasil, o Barroco ganhou características próprias. As imagens de santos, muitas vezes, tinham as feições dos povos recém-catequizados, como podemos ver na escultura reproduzida a seguir.

Nossa Senhora da Conceição (século XVIII), de autoria desconhecida. Escultura de madeira policromada, 108 cm × 47 cm × 33 cm. Museu Julio de Castilhos, Porto Alegre (RS).

DE OLHO NA OBRA

Outra construção barroca brasileira que recebeu influência da Igreja de Jesus foi o Convento e Igreja de São Francisco (1686-1723), em Salvador, na Bahia.

Fachada do Convento e Igreja de São Francisco, em Salvador (BA). Foto de 2013.

Detalhes da obra

1. O frontão
O **frontão**, ou seja, o ornamento superior da fachada da construção, apresenta várias curvas em meio às linhas retas. Isso dá uma impressão de movimento à obra. Essa característica é um elemento importante da arquitetura barroca.

2. O nicho
Outra característica da arte barroca observada na fachada é a presença de **nichos**, vãos nos quais, em geral, se colocam imagens de santos.

3. Curvas e contracurvas
As **curvas** e **contracurvas** (curva na extremidade de um arco que se prolonga formando outro arco) são formas características da arquitetura barroca.

Interior do Convento e Igreja de São Francisco, em Salvador (BA). Foto de 2013.

4. Pinturas do forro
O forro da igreja é revestido de pinturas de cenas bíblicas enquadradas em formas geométricas. Essas pinturas foram feitas pelo frei Jerônimo da Graça entre 1733 e 1737.

5. O exterior e o interior das igrejas barrocas
Uma característica das igrejas barrocas é apresentar a área externa plana e simples, contrastando com o interior, ricamente decorado com ornamentos e esculturas. No detalhe é possível ver ornamentos esculpidos em madeira e ouro.

TEMA 3
O teatro religioso

Os jesuítas também utilizaram o teatro para transmitir os valores cristãos aos indígenas.

> **GLOSSÁRIO**
>
> **Hino:** cântico solene em louvor a um deus ou a um santo.
> **Catecismo:** livro com instruções sobre os princípios de uma religião.

💬 **Dialogando com Língua Portuguesa**

O auto como instrumento de catequização

O teatro foi um dos instrumentos de catequização utilizados pelos jesuítas. As peças sempre eram acompanhadas de danças e de músicas. Um dos gêneros mais adotados pelos missionários era o **auto**, peça teatral que, como vimos na Unidade 2, apresenta uma mensagem moral e aborda temas religiosos por meio de uma linguagem simples.

Colonos e indígenas participavam das montagens teatrais. Em razão disso, os autos sofriam diversas influências culturais, como o acréscimo de personagens da mitologia indígena, o uso da língua nativa nos diálogos e o uso de máscaras, de plumagem e de instrumentos musicais, como chocalhos e apitos. Nas apresentações, além das narrativas **hagiográficas** (de vida dos santos), também eram abordados temas relacionados à realidade local.

O padre José de Anchieta foi um dos grandes responsáveis pela difusão da linguagem teatral entre os indígenas. Ele escreveu, principalmente na década de 1570, diversas peças de teatro religiosas. Anchieta também escreveu hinos, poemas e um catecismo na língua tupi.

Poema à *Virgem Maria* (1901), de Benedicto Calixto. Óleo sobre tela, 68 cm × 96 cm. Coleção do Museu Anchieta, São Paulo (SP).

O teatro de Gil Vicente

O padre José de Anchieta foi influenciado pelo dramaturgo Gil Vicente (c. 1465-c. 1537), considerado o criador do teatro português. Marcado pela religiosidade, seus autos criticavam os costumes da sociedade portuguesa do século XVI.

Gil Vicente foi autor de muitas obras teatrais, como *Auto da barca do inferno* (1517), *Auto da Alma* (1518), *Farsa de Inês Pereira* (1523) e *Auto da Lusitânia* (1532).

O *Auto da barca do inferno* é uma das peças mais conhecidas de Gil Vicente e ainda é montada e adaptada em todo o mundo. Nessa história, todos os personagens estão mortos e chegam a um porto onde há duas embarcações: a do Anjo, que os leva para o paraíso, e a do Diabo, que os conduz para o inferno. Cada personagem se apresenta para o julgamento e, com base em seus atos, o Anjo e o Diabo decidem a barca em que ele deve entrar.

> **Para saber mais**
> Gil Vicente.

Ilustração de uma edição do século XVI de *Auto da barca do inferno*. Instituto dos Arquivos Nacionais Torre do Tombo, Lisboa, Portugal.

Apresentação do espetáculo *A barca do inferno* pelo grupo Athos, em Curitiba (PR), 2014. Esse espetáculo foi inspirado na obra *Auto da barca do inferno*, de Gil Vicente.

O caráter moralizante dos autos

Os autos teatrais sempre apresentam situações nas quais os personagens são levados a rever seus comportamentos, modificando-os e se aproximando de uma conduta moralmente aceita. Leia a seguir uma descrição de *Farsa de Inês Pereira*, de Gil Vicente, em que esse caráter moralizante está presente.

Farsa de Inês Pereira

"[...] Uma das mais famosas [peças de Gil Vicente] é a *Farsa de Inês Pereira* [...], que, na primeira edição, chama-se *Auto de Inês Pereira*. A personagem-título dessa crítica bem-humorada à sociedade da época recebe dois pedidos de casamento: de um camponês abastado e meigo, porém rústico, e de um fidalgo galante, porém decadente e interesseiro. Ela despreza o primeiro e aceita o segundo, mas logo descobre que fez uma péssima escolha, pois o marido se revela um mandão de marca maior, que a tranca em casa e exige-lhe submissão total. Para sua sorte, o mandão parte para a guerra e morre no campo de batalha, deixando-a livre para consertar seu erro e casar-se com o camponês. A moral da história, que inspirou a peça, é o dito popular 'Mais vale asno que me leve que cavalo que me derrube'. [...]"

FEIST, Hildegard. *Pequena viagem pelo mundo do teatro*. São Paulo: Moderna, 2005. p. 22.

> **GLOSSÁRIO**
>
> **Abastado:** rico.
> **Fidalgo:** nobre.
> **Galante:** elegante, distinto.

Atividade

- Você já assistiu, na televisão ou no cinema, a filmes, novelas ou séries com histórias parecidas com a de *Farsa de Inês Pereira*?

Atividade prática

- **Junte-se a alguns colegas para criar um auto.** Sigam as orientações abaixo.

    1. Pensem em personagens que apresentam alguma falha de caráter, como a vaidade em excesso ou a necessidade de contar vantagens ou mentiras.
    2. Definam o lugar onde se passará a história.
    3. Escrevam o **roteiro teatral**, ou seja, as ações necessárias para que o público compreenda a história.
    4. Criem os personagens da história. Esses personagens ajudarão a dar uma lição no personagem principal, fazendo-o mudar seu comportamento.
    5. Ensaiem e, no dia agendado pelo professor, apresentem o auto para os demais colegas da classe.

INDICAÇÕES

Para acessar

- **Guarani – Povos Indígenas no Brasil – Instituto Socioambiental (ISA)**. Disponível em: <http://pib.socioambiental.org/pt/povo/guarani>. Acesso em: 2 ago. 2014.

    Nessa página do *site* do Instituto Socioambiental, é possível acessar informações sobre o povo Guarani.

- **Pedro Ortaça**. Disponível em: <www.pedroortaca.com.br>. Acesso em: 2 ago. 2014.

    No *site* oficial do músico, cantor e compositor missioneiro Pedro Ortaça, é possível obter diversas informações sobre o artista, além de acessar vídeos e fotos de apresentações.

- **Rota Missões**. Disponível em: <www.rotamissoes.com.br/_portugues/HistoriaTerraMissioneira.php>. Acesso em: 2 ago. 2014.

    Nesse *site*, é possível obter informações sobre a história das missões, da cultura Guarani e do missioneiro.

Para acessar e visitar

- **Fundação Benedicto Calixto – Pinacoteca**

    Endereço virtual: <http://pinacotecadesantos.org.br>. Acesso em: 21 out. 2014.

    Endereço físico: Av. Bartolomeu de Gusmão, 15, Boqueirão. CEP: 11045-401. Santos (SP).

    A Fundação Benedicto Calixto – Pinacoteca abriga um acervo com obras de arte, documentos e objetos pessoais do pintor Benedicto Calixto. No *site*, é possível encontrar informações históricas sobre o casarão onde se encontra a fundação, além de obter informações sobre a vida do pintor.

- **Museu Julio de Castilhos**

    Endereço virtual: <www.museujuliodecastilhos.rs.gov.br>. Acesso em: 21 out. 2014.

    Endereço físico: Rua Duque de Caxias, 1205, Centro Histórico. CEP: 90010-281. Porto Alegre (RS).

    O Museu Julio de Castilhos, o mais antigo do Rio Grande do Sul, apresenta um importante acervo artístico e histórico sobre os diferentes momentos da história do estado, como a Revolução Farroupilha, a escravatura e as missões jesuíticas.

- **Pinacoteca do Estado de São Paulo**

    Endereço virtual: <www.pinacoteca.org.br>. Acesso em: 21 out. 2014.

    Endereço físico: Praça da Luz, 2, Luz. CEP: 01120-010. São Paulo (SP).

    No acervo da Pinacoteca do Estado de São Paulo há obras significativas produzidas a partir do século XIX até os dias atuais e entre elas estão produções de Benedicto Calixto. Mediante o acesso virtual ao acervo *on-line* é possível apreciar algumas obras e pesquisar dados sobre elas, como técnica, data e dimensões.

Para ler

- **Bandeirantes**, de Wanderley Loconte e Regina Helena de Araújo Ribeiro.
    São Paulo: Saraiva, 2004. (Coleção Por dentro da história).

    Esse livro narra a relação de amizade entre o filho de um bandeirante e seu amigo indígena. Ao longo da narrativa, que se passa no século XVII, são mencionados fatos marcantes da história do Brasil, como a criação das capitanias hereditárias e a fundação das missões jesuíticas.

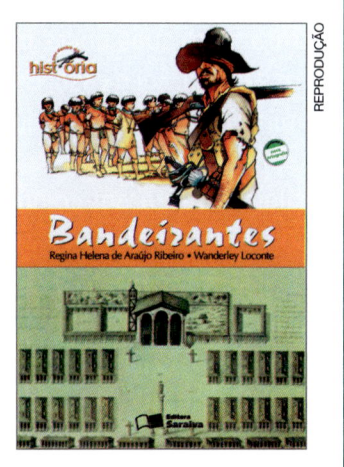

- **Primórdios da literatura brasileira**, de Fernão Cardim, José de Anchieta e Pero Vaz de Caminha. Roteiro e adaptação de Ronaldo Antonelli. Ilustrações de Francisco Vilachã. São Paulo: Escala, 2012. (Literatura brasileira em quadrinhos).

    Esse livro apresenta a "carta do descobrimento" de Caminha, o auto *Na aldeia de Guaraparim*, de Anchieta, e *Tratados da terra e gente do Brasil*, de Fernão Cardim, em formato de história em quadrinhos.

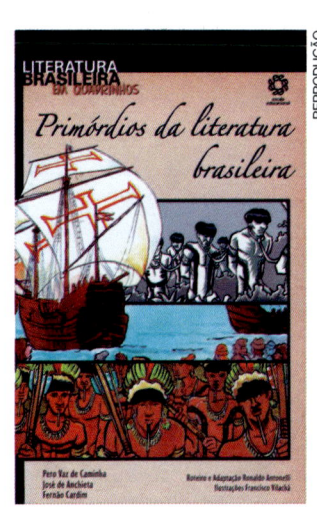

UNIDADE 8

UM "RETRATO" DO BRASIL

A foto reproduzida nesta abertura foi produzida em 1948, em Salvador, na Bahia, por Pierre Verger (1902-1996), fotógrafo francês que chegou ao Brasil em 1946 e registrou aspectos fundamentais da cultura local, como a religião, a arte e os hábitos alimentares. Muito antes de Verger, porém, outros artistas europeus registraram em suas obras impressões sobre o Brasil. Foi o caso, por exemplo, dos pintores holandeses que, no século XVII, estabeleceram-se no nordeste brasileiro e atuaram como "fotógrafos" de sua época.

Começando a Unidade

1. Você gosta de fotos em preto e branco? Por quê?
2. Em sua casa, há fotos antigas? Fale sobre elas.
3. Em sua opinião, qual é a importância de registros como a foto de Pierre Verger reproduzida nesta abertura?

Galeota de Nosso Senhor dos Navegantes (1948), de Pierre Verger. Imagem digitalizada a partir de negativo original. Fundação Pierre Verger.

PIERRE VERGER©FUNDAÇÃO PIERRE VERGER

TEMA 1

Um retrato da Bahia

Diversos artistas utilizaram diferentes linguagens para representar a Bahia em suas obras.

Pierre Verger

Pierre Verger nasceu em Paris, na França, em 1902. Em 1932, passou a se dedicar à fotografia. Nesse mesmo ano, deu início a uma série de viagens pelo mundo e registrou aspectos culturais de diferentes lugares.

Em 1946, Verger chegou a Salvador, na Bahia, onde se instalou. O fotógrafo se encantou com a cultura afro-brasileira e começou a estudar a relação entre a Bahia e a África. Ele fez várias viagens ao continente africano para intensificar seus estudos, mas continuou vivendo em Salvador até falecer, em 1996. Ao entrar em contato com a cultura afro-brasileira, Verger conheceu religiões de origem africana e se tornou babalorixá, líder espiritual do Candomblé.

Em Salvador, Verger retratou acontecimentos culturais, prédios e cenas do dia a dia. Essas produções fotográficas apresentam forte caráter documental, pois revelam as mudanças e as permanências ocorridas na cultura e na paisagem locais.

Pierre Verger em Salvador (BA). Foto de 1992.

Pelourinho (1946-1948), de Pierre Verger. Imagem digitalizada a partir de negativo original. Fundação Pierre Verger.

Largo do Pelourinho, em 2013.

Dialogando com Geografia

Atividade

- Observe as fotos do Largo do Pelourinho reproduzidas nesta página e responda: quais são as principais mudanças e permanências que podem ser observadas na paisagem?

A religiosidade baiana nas produções de Verger

A religiosidade foi um dos aspectos culturais mais retratados por Verger na Bahia. Na foto reproduzida na abertura desta Unidade, por exemplo, o fotógrafo retratou uma procissão marítima realizada na Festa do Nosso Senhor dos Navegantes, celebração religiosa que ocorre em Salvador desde meados do século XVIII. Veja a seguir uma reprodução dessa foto sem cortes.

Outra celebração religiosa retratada por Verger foi a Festa de Iemanjá, ainda hoje um dos mais tradicionais festejos religiosos da Bahia.

Iemanjá (1959), de Pierre Verger. Imagem digitalizada a partir de negativo original. Fundação Pierre Verger.

Galeota de Nosso Senhor dos Navegantes (1948), de Pierre Verger. Imagem digitalizada a partir de negativo original. Fundação Pierre Verger.

No Candomblé e em outras religiões afro-brasileiras, Iemanjá é o orixá das águas salgadas. Por essa razão, recebe o título de Rainha do Mar. Em Salvador, a Festa de Iemanjá acontece todo ano, em 2 de fevereiro. No dia da festa, os fiéis levam flores e entoam cantos e orações em homenagem à entidade.

Na Bahia, Pierre Verger se aproximou de artistas que também representavam o povo e a cultura baianos em suas obras, como os artistas visuais Mario Cravo Júnior (1923-) e Hector Julio Páride Barnabó, o Carybé (1911-1997). Outro artista próximo de Verger foi Dorival Caymmi (1914-2008), cantor e compositor que retratou a religiosidade do povo baiano em muitas de suas canções.

A cultura baiana cantada em verso e prosa

Além das crenças e dos valores religiosos, Dorival Caymmi abordou outros aspectos culturais da Bahia, como a culinária, em suas canções. Na canção "Vatapá", por exemplo, cuja letra está reproduzida a seguir, Caymmi apresenta os ingredientes e os procedimentos para o preparo de um dos mais tradicionais pratos da culinária baiana.

Ouça "Vatapá", na faixa 15 do CD, e acompanhe a letra a seguir.

Dorival Caymmi, no Rio de Janeiro (RJ), em 2000.

Vatapá

"Quem quiser vatapá, ô
Que procure fazer
Primeiro o fubá
Depois o dendê

Procure uma nega baiana, ô
Que saiba mexer
Que saiba mexer
Que saiba mexer

Bota castanha-de-caju
Um bocadinho mais
Pimenta-malagueta
Um bocadinho mais

Bota castanha-de-caju
Um bocadinho mais
Pimenta-malagueta
Um bocadinho mais

Amendoim, camarão, rala um
    [coco
Na hora de machucar
Sal com gengibre e cebola, iaiá
Na hora de temperar

Não para de mexer, ô
Que é pra não embolar
Panela no fogo
Não deixa queimar

Com qualquer dez mil réis e uma
    [nêga ô

Se faz um vatapá
Se faz um vatapá
Que bom vatapá
[...]"

CAYMMI, Dorival. Vatapá.
Em: ____. *Eu vou pra Maracangalha*.
Rio de Janeiro: Odeon, 1957. Lado 2, faixa 2.
Copyright © 1941 by MANGIONE, FILHOS & CIA LTDA.
Todos os direitos reservados para todos os países do mundo.

Atividade

- Reúna-se com cinco colegas e pesquisem pratos tradicionais da região em que vocês vivem. Depois de fazer a pesquisa, respondam às seguintes questões: qual é a origem desses pratos? Eles refletem o encontro de diferentes culturas ocorrido no Brasil? Por quê? No dia agendado pelo professor, apresentem os resultados da pesquisa aos colegas.

DE OLHO NO TEXTO

As baianas do acarajé

"O ofício das baianas do acarajé foi declarado patrimônio cultural do Brasil [...].

Nas ruas de Salvador, de outras cidades do estado da Bahia e, mais raramente, em outras regiões do país, as baianas tradicionais encontram-se sempre acompanhadas por seus tabuleiros que contêm não só o acarajé e seus possíveis complementos, como o vatapá e o camarão seco, mas também outras 'comidas de santo': abará, lelê, queijada, passarinha, bolo de estudante, cocada branca e preta. [...]

O acarajé, o principal atrativo no tabuleiro, é um bolinho característico do Candomblé. Acarajé é uma palavra composta da língua iorubá: 'acará' (bola de fogo) e 'jé' (comer), ou seja, 'comer bola de fogo'. Sua origem é explicada por um mito sobre a relação de Xangô com suas esposas, Oxum e Iansã. O bolinho se tornou, assim, uma oferenda a esses orixás.

Mesmo ao ser vendido num contexto profano, o acarajé ainda é considerado, pelas baianas, como uma comida sagrada. Para elas, o bolinho de feijão-fradinho frito no azeite de dendê não pode ser dissociado do Candomblé. Por isso, a sua receita, embora não seja secreta, não pode ser modificada e deve ser preparada apenas pelos filhos de santo. [...]"

CANTARINO, Carolina. Baianas do acarajé: uma história de resistência. Patrimônio: revista eletrônica do Iphan. Disponível em: <http://dc.itamaraty.gov.br/imagens-e-textos/revista-textos-do-brasil/portugues/revista13-mat16.pdf>. Acesso em: 3 fev. 2015.

Baiana do acarajé, em Salvador (BA), em 2009.

GLOSSÁRIO

Comida de santo: alimento oferecido, em rituais religiosos, às divindades.
Iorubá: língua falada por africanos integrantes da etnia iorubá.
Filho de santo: termo utilizado nas religiões afro-brasileiras para designar uma pessoa que passa por um ritual de iniciação e se torna sacerdotisa de um orixá.

Questões

1. Em sua opinião, qual é a importância da preservação do ofício das baianas do acarajé para a cultura brasileira?

2. Em outras religiões, há a associação de alimentos com rituais ou celebrações? Cite exemplos.

TEMA 2

Registros do "Novo Mundo"

Os artistas viajantes produziram um "retrato" do Brasil colonial.

Os artistas viajantes

Vimos nas páginas anteriores que, no século XX, o fotógrafo francês Pierre Verger utilizou a fotografia para registrar aspectos culturais do Brasil. Muito antes de Verger, no entanto, artistas europeus de diferentes nacionalidades utilizaram sua arte para representar o Brasil.

Chamados de **artistas viajantes**, esses europeus, por meio de desenhos, gravuras e pinturas, foram os "cronistas" da vida brasileira durante os séculos XVI a XIX. As obras desses artistas, assim como a produção fotográfica de Pierre Verger, apresentam caráter documental e sua análise contribui para o reconhecimento da história do Brasil e para a compreensão da identidade nacional.

> **GLOSSÁRIO**
>
> **Cronista:** produtor de crônica, texto narrativo, em geral, extraído de fatos do cotidiano.

O carro de bois (1638), de Frans Post. Óleo sobre tela, 62 cm × 95 cm. Museu do Louvre, Paris, França.

Atividades

1. Observe a tela reproduzida nesta página e, no caderno, elabore uma ficha com as seguintes informações sobre a obra: título, ano de produção, autor, dimensões, técnica e custódia.

2. Descreva a obra. Que elementos naturais e humanos foram representados pelo artista?

Frans Post e a pintura de paisagem

A tela reproduzida na página anterior foi pintada por Frans Post (1612--1680), artista holandês que chegou ao Brasil em 1637 com uma comitiva que acompanhava o conde Maurício de Nassau (1604-1679). Na época, parte do nordeste brasileiro era dominada pelos holandeses. Os artistas, cientistas e intelectuais da comitiva de Nassau tinham por objetivo registrar os aspectos naturais e humanos da colônia a fim de torná-los conhecidos na Europa.

Frans Post introduziu no Brasil a pintura de **paisagem**, gênero que se caracteriza pela representação de um espaço observado, rural ou urbano.

Observe as obras de Frans Post reproduzidas nesta página e na página anterior. Em ambas, há a representação de uma visão ampla, com a linha do horizonte abaixo da metade da tela. É possível notar que o céu e os elementos da superfície são dispostos em uma composição harmoniosa. Perceba que, nas duas obras, Post representou árvores em primeiro plano, na lateral. Na diagonal, ao fundo, são representados elementos da paisagem que parecem distantes dos elementos em primeiro plano. Para obter esse efeito de profundidade, o pintor utilizou cores claras.

Dialogando com História

De olho na imagem

Conheça mais paisagens criadas por Frans Post.

Paisagem com jiboia (c. 1660), de Frans Post. Óleo sobre tela, 119 cm × 172 cm. Museu de Arte de São Paulo Assis Chateaubriand (Masp), São Paulo (SP).

Atividade prática

- Junte-se a um colega e recortem um pedaço de papel resistente, confeccionando uma moldura retangular. Procurem lugares na escola ou nos arredores em que seja possível avistar de maneira ampla o local em que estudam. Utilizem a moldura para enquadrar a paisagem escolhida. Anotem em um papel o que é possível visualizar nesse enquadramento e representem a paisagem observada utilizando como suporte uma cartolina cortada ao meio. Utilizem lápis de cor, lápis de grafite ou giz de cera para a elaboração da obra.

DE OLHO NA OBRA

Engenho de açúcar (c. 1650-1655), de Frans Post. Óleo sobre tela, 117 cm × 167 cm. Museu do Louvre, Paris, França.

Em muitas de suas obras, Frans Post representou **engenhos**, locais onde era produzido o açúcar. A produção do açúcar era a principal atividade econômica realizada na colônia no século XVII. Frans Post representou em suas telas diferentes aspectos da vida no engenho, como o trabalho – muitas vezes pesado – e as áreas nas quais eram realizadas atividades religiosas e sociais.

Detalhes da obra

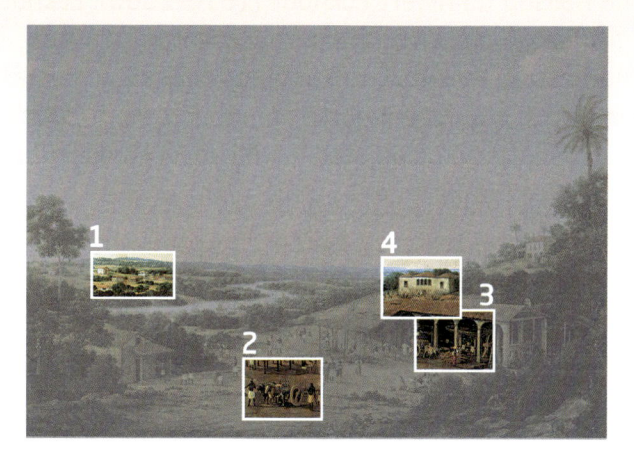

Para saber mais
Tinta a óleo.

1. A propriedade
Os engenhos eram instalados em grandes propriedades chamadas latifúndios. Em suas paisagens, Post utilizou recursos artísticos que conferiam profundidade à obra e reproduziam as dimensões dos engenhos. Observe a representação das construções, ao fundo.

2. Os trabalhadores
A mão de obra utilizada nos engenhos era a escrava. O registro do trabalho escravo está presente nessa e em várias outras obras de Frans Post.

3. A produção
Ao representar os engenhos, Post recriou as instalações onde ocorria a produção do açúcar. No detalhe, por exemplo, é representada a moenda, onde a cana era moída para extrair o caldo.

4. As habitações
As habitações dos engenhos também eram representadas por Post. No detalhe, é possível identificar a casa-grande, residência do senhor do engenho.

A pintura a óleo

Grande parte das obras de Frans Post e de outros artistas holandeses que vieram ao Brasil foi produzida com a técnica de pintura **óleo sobre tela**. Nessa técnica, tintas a óleo são aplicadas em uma tela, geralmente, de linho. Essa técnica permite muita versatilidade ao pintor, que pode obter ótimos resultados, principalmente quando sua intenção é realizar uma pintura de caráter naturalista e detalhista, pois oferece uma gama imensa de misturas cromáticas, com brilho vigoroso.

A obra de Albert Eckhout

Além de Frans Post, outro artista que integrou a comitiva de Maurício de Nassau foi Albert Eckhout (1610-1666). Eckhout era um pintor com grande domínio técnico e representou pessoas, animais e plantas do nordeste brasileiro. Entre as obras de Eckhout destacam-se as **naturezas-mortas**, que fazem parte de um gênero da pintura caracterizado pela representação de objetos inanimados, como frutas, flores e porcelanas.

O desenvolvimento da pintura a óleo, que possibilitou a representação de diferentes texturas, favoreceu a produção de naturezas-mortas.

Nas obras reproduzidas nesta página, o realismo empregado pelo artista para representar as formas, as texturas e as cores das frutas e das flores estimulam os sentidos do espectador. As figuras são representadas na parte de baixo da composição, e o céu, na parte superior, ao fundo. Essa é uma característica marcante das naturezas-mortas produzidas pelos artistas holandeses.

Natureza-morta com cabaça, frutas e cactos (1640), de Albert Eckhout. Óleo sobre tela, 94 cm × 94 cm. Museu Nacional da Dinamarca, Copenhague, Dinamarca.

Natureza-morta com cocos (1640), de Albert Eckhout. Óleo sobre tela, 93 cm × 93 cm. Museu Nacional da Dinamarca, Copenhague, Dinamarca.

Atividade prática

- Forme um grupo com três colegas e, no dia agendado pelo professor, levem diferentes frutas (como maçã, banana, limão e mamão) para a sala de aula. Disponham as frutas sobre uma carteira até formar uma composição harmoniosa. Fotografem a composição de vários pontos de vista diferentes. Cada integrante do grupo deverá escolher uma foto para, com base na observação da imagem, realizar alguns esboços a lápis em folhas de papel sulfite. A seguir, deverá escolher um dos esboços e, utilizando lápis de cor, dar acabamento ao desenho. Ao terminar, deverá assinar o desenho e apresentá-lo aos colegas.

Os retratos de Eckhout

Além de paisagens e de naturezas-mortas, os artistas holandeses se destacaram na produção de pinturas de outros gêneros, como o **retrato**, que se caracteriza pela representação de uma pessoa ou de um grupo de pessoas com base na observação de um modelo-vivo (indivíduo que posa para os pintores), de fotografias ou com o auxílio da memória. As obras desta página, por exemplo, são retratos produzidos por Albert Eckhout com base em sua experiência no nordeste do Brasil.

Albert Eckhout produziu várias obras nas quais representou pessoas que viviam no Brasil no século XVII. As representações que ele fez, entretanto, eram idealizadas, isto é, não correspondiam à realidade. Para produzi-las, o artista levou em conta o padrão clássico de beleza.

Tupinambá/Mulher Brasilian (1641), de Albert Eckhout. Óleo sobre tela, 274 cm × 163 cm. Museu Nacional da Dinamarca, Copenhague, Dinamarca.

Mulher africana (1641), de Albert Eckhout. Óleo sobre tela, 282 cm × 189 cm. Museu Nacional da Dinamarca, Copenhague, Dinamarca.

Atividade

- Observe as obras reproduzidas nesta página e responda, em seu caderno, às questões a seguir.
    a. Quais são as principais figuras representadas?
    b. Que elementos da paisagem natural são representados?
    c. Como a presença do colonizador europeu pode ser identificada?

DE OLHO NA OBRA

Uma das obras mais importantes de Albert Eckhout é *Dança Tapuya*. Para fazer essa representação de forte caráter descritivo e naturalista, o artista utilizou diversos recursos, como o emprego da técnica de luz e sombra para compor o corpo dos indígenas.

Dança Tapuya (1643), de Albert Eckhout. Óleo sobre tela, 172 cm × 295 cm. Museu Nacional da Dinamarca, Copenhague, Dinamarca.

Detalhes da obra

1. Dança circular
No detalhe, Eckhout registrou uma **dança circular** indígena realizada por um grupo de homens. As danças circulares são realizadas pelos seres humanos desde os tempos mais remotos.

2. Ornamentos
Os homens representados por Eckhout portam flechas e tacapes (armas indígenas) e se vestem com adereços feitos de penas de aves.

3. As mulheres
Alguns estudiosos defendem a ideia de que as duas mulheres representadas no canto direito da obra estavam tocando apitos para acompanhar a dança. Outros acreditam que as mulheres retratadas estavam grávidas.

O autorretrato

O retrato foi reconhecido como gênero da pintura a partir do século XVI. Egípcios, gregos e romanos, no entanto, produziam retratos desde a Antiguidade. Ao longo da história, artistas de diferentes estilos produziram não apenas retratos, mas também **autorretratos**, ou seja, retratos deles mesmos. Veja a seguir alguns exemplos.

> **De olho na imagem**
> Conheça retratos e autorretratos produzidos em diferentes períodos.

Autorretrato (c. 1614), de Anthony van Dyck. Óleo sobre madeira, 43 cm × 32,5 cm. Galeria de pinturas da Academia de Belas-Artes de Viena, Áustria.

Autorretrato (1938), de Frida Kahlo. Óleo sobre alumínio e vidro, 28,5 cm × 20,7 cm. Centro Georges Pompidou, Paris, França.

O mago (autorretrato com quatro braços) (1951), de René Magritte. Óleo sobre tela, 35 cm × 46 cm. Coleção particular.

Atividades

1. Que diferenças podem ser observadas entre as obras reproduzidas nesta página? **Registre suas impressões no caderno e depois as compartilhe com os colegas.**

2. De que obra você mais gostou? Comente com os colegas.

INDICAÇÕES

Para acessar

- **Fundação Pierre Verger.** Disponível em: <www.pierreverger.org/br>. Acesso em: 3 fev. 2015.

No *site* da Fundação Pierre Verger, instalada em 1988 na casa em que o fotógrafo viveu durante anos, em Salvador, é possível acessar informações sobre sua vida e obra.

- **Dicionário Cravo Albin – Dorival Caymmi.** Disponível em: <www.dicionariompb.com.br/dorival-caymmi>. Acesso em: 21 out. 2014.

Nesse endereço eletrônico é possível acessar dados artísticos e biográficos de Dorival Caymmi. O *site* traz, por exemplo, a discografia completa do cantor e compositor.

- **Iphan – Ofício das baianas de acarajé.** Disponível em: <www.iphan.gov.br/bcrE/pages/folBemCulturalRegistradoE.jsf?idBemCultural=52g0_%5B3y3p600001n%5D8%3Am2090_%5Bd36_%4018c5551n%5D8%3Am208%2F-jlm%21-nop.%3Bz%40s1%5Bv8%3Ax3331n%5D8%3Am207>. Acesso em: 12 ago. 2014.

Nessa página do Iphan, é possível acessar um histórico sobre o ofício das baianas de acarajé, além de fotos e vídeos.

Para assistir

- ***Para Caymmi Ao Vivo 90 anos* – De Nana, Dori e Danilo.** Warner Music, 2004.

Esse DVD traz uma homenagem que Nana, Dori e Danilo Caymmi fizeram ao pai, por ocasião de seus 90 anos. Entre as canções que compõem esse DVD estão "O que é que a baiana tem?", "O bem do mar" e "Marina", grandes sucessos de Dorival Caymmi.

Para ler

- ***Cidades e florestas: os artistas viajantes entre os séculos XVII e XIX***, de Nereide Schilaro Santa Rosa. Rio de Janeiro: Pinakotheke, 2002. (Coleção História da arte brasileira para criança).

Esse livro integra uma coleção que apresenta a arte brasileira para o público infantojuvenil. Ele traz informações sobre as obras produzidas pelos artistas europeus que representaram o Brasil em diferentes períodos.

- ***Espelho de artista (autorretrato)***, de Katia Kanton. São Paulo: Cosac Naif, 2009.

Nesse livro, a autora mostra e analisa autorretratos produzidos em diferentes períodos da história. O livro aborda, por exemplo, produções de diferentes artistas como Rembrandt van Rijn, Amedeo Modigliani e Flávio de Carvalho.

- ***Frida Kahlo***, de Carmen Leñero. São Paulo: Callis, 2003.

Esse livro traz informações sobre a vida e a obra da artista mexicana Frida Kahlo.

- ***Fotografando Verger***, de Angela Lühning. São Paulo: Companhia das Letras, 1997.

Escrito por uma pesquisadora que conviveu com Pierre Verger, esse livro traz informações sobre o fotógrafo e sua produção artística.

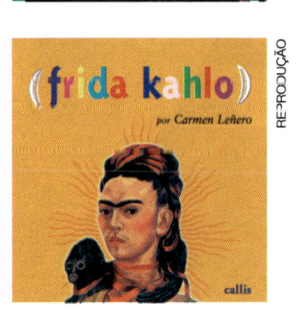

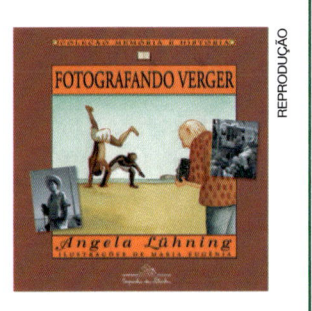

UNIDADE 9

SAMBA E IDENTIDADE CULTURAL

No Brasil, os povos indígenas, os europeus e os africanos foram os primeiros grupos que atuaram na formação da cultura nacional, conferindo à sociedade brasileira muitos de seus valores, tradições e manifestações artísticas. A obra reproduzida nesta abertura retrata o samba, uma das manifestações que compõem a identidade cultural do país. De raízes africanas, o samba é considerado um dos principais ritmos nacionais. Samba de roda, partido-alto, samba de breque, pagode e samba-enredo são algumas das variações desse estilo musical.

ZÉ CORDEIRO - GALERIA JACQUES ARDIES, SÃO PAULO

Começando a Unidade

1. O que você sabe sobre o samba?
2. Você sabe cantar alguma música ou dançar algum passo de samba? Qual?
3. Que instrumentos musicais são retratados na obra desta abertura? Você sabe tocar algum deles?

Samba no pé (2009), de Zé Cordeiro. Óleo sobre tela, 100 cm × 200 cm. Galeria Jacques Ardies, São Paulo (SP).

TEMA 1

O samba e suas origens

O samba tem origem na música e na dança africanas.

A mistura de ritmos

Como vimos na Unidade 5, a influência africana foi fundamental para a formação da identidade cultural brasileira. Grupos de africanos escravizados trazidos para o Brasil entre os séculos XVI e XIX foram responsáveis pela introdução no país de muitas manifestações e expressões que ainda fazem parte do dia a dia dos brasileiros. Entre os elementos de origem africana introduzidos no Brasil, destaca-se o **samba**.

Clementina de Jesus (1901-1987) durante *show* em São Paulo (SP), em 1975. Clementina de Jesus é considerada uma das mais importantes cantoras de samba do Brasil.

Acredita-se que o samba tenha surgido a partir da fusão de diferentes cantos e danças realizados pelos africanos escravizados. A umbigada, por exemplo, presente em muitas danças de origem africana, é considerada uma das principais matrizes do samba. Outro elemento fundamental é o ritmo obtido por meio de instrumentos como o tambor e o atabaque.

Percussionistas participando da Festa de Nossa Senhora do Rosário, em Oliveira (MG). Foto de 2007.

Atividade prática

- Observe a obra *Samba no pé*, reproduzida na abertura desta Unidade, destacando os elementos de que você mais gostou. Baseie-se nesses elementos para produzir uma obra inspirada na tela de Zé Cordeiro. Utilize cartolina como suporte e diferentes materiais, como giz de cera, lápis de cor e canetas hidrocor, para fazer os traços e a pintura. Dê um título para sua produção e exponha-a aos demais colegas. Aprecie as obras produzidas pelos colegas.

O samba de roda

O **samba de roda** é uma das mais antigas e tradicionais variações de samba observadas no Brasil e constitui uma importante expressão musical, coreográfica e poética da cultura brasileira. Ele está presente principalmente no estado da Bahia – na região do Recôncavo Baiano, faixa de terra que se estende em torno da Baía de Todos-os-Santos.

No samba de roda, os dançarinos e os instrumentistas se organizam em círculo. O ritmo é ditado pelo som de instrumentos, como o pandeiro, o prato, a faca e a viola, e pelas palmas dos participantes da roda, os quais entoam cantos curtos que se repetem. Dentro da roda, os dançarinos se revezam realizando coreografias. O movimento mais comum dessas coreografias é o **miudinho**, em que os dançarinos realizam um leve sapatear para a frente e para trás, com os pés quase colados ao chão.

Samba de roda em Cachoeira (BA), em 2006.

Em 2005, o samba de roda do Recôncavo Baiano foi reconhecido pelo Instituto do Patrimônio Histórico e Artístico Nacional (Iphan) como patrimônio imaterial da humanidade. O samba de roda influenciou a produção de músicos como Dorival Caymmi, João Gilberto (1931-) e Caetano Veloso (1942-).

Dorival Caymmi, em 1985.

João Gilberto, em Brasília (DF), em 2001.

Caetano Veloso, no Rio de Janeiro (RJ), em 2012.

Edith do Prato

A cantora, compositora e percussionista Edith Oliveira Nogueira, conhecida como Edith do Prato, nasceu em Santo Amaro da Purificação, no Recôncavo Baiano, em 1916. Desde muito cedo, ela cantava nas apresentações de samba de roda que aconteciam em sua cidade.

Edith Oliveira Nogueira se destacou por ser exímia cantora e por ditar o ritmo de suas apresentações com um prato e uma faca. Daí vem seu nome artístico: Edith do Prato.

Edith do Prato tinha uma relação muito próxima com a família dos cantores Caetano Veloso e Maria Bethânia (1946-), que também nasceram em Santo Amaro da Purificação. Foi Caetano Veloso, a quem ela amamentou quando bebê, o responsável pelo início da carreira profissional da artista. Em 1972, Edith do Prato participou de duas faixas do disco *Araçá azul*, lançado por Caetano. O primeiro disco solo de Edith do Prato foi lançado em 2003 e trouxe canções tradicionais do samba de roda do Recôncavo Baiano.

Considerada uma das mais importantes representantes do samba de roda, Edith do Prato faleceu em Salvador, na Bahia, em 2009, mas sua obra continua influenciando a produção de muitos músicos, como a cantora e compositora Mariene de Castro (1978-).

Edith do Prato ao lado do cantor e compositor Jair Rodrigues (1939-2014) durante apresentação em Salvador (BA), em 2005.

Mariene de Castro durante apresentação em Salvador (BA), em 2009.

Atividade

- Em sua opinião, qual é a importância da valorização e da manutenção de saberes de pessoas como Edith do Prato? Registre sua opinião nas linhas a seguir e depois as compartilhe com os colegas.

O samba no Rio de Janeiro

O samba foi introduzido no Rio de Janeiro no século XIX, quando muitas pessoas foram para a então capital do Brasil em busca de melhores condições de vida. Essas pessoas, muitas de origem africana, levaram para o Rio de Janeiro o samba e outras tradições culturais afro-brasileiras.

As principais responsáveis pela formação e pela consolidação do samba carioca foram as "**tias baianas**", como eram conhecidas as mulheres (sobretudo, baianas) que organizavam rodas de samba e grandes festas em suas casas. Foi em homenagem às "tias baianas" que as escolas de samba criaram a "ala das baianas".

Ala das baianas no desfile da escola de samba Acadêmicos do Grande Rio, em 2013.

A "tia baiana" que ficou mais conhecida foi Hilária Batista de Almeida (1854-1924), a Tia Ciata. Nascida em Santo Amaro da Purificação, ela morou na região da Praça Onze, onde ocorreram os primeiros desfiles de Carnaval. Tia Ciata comandava uma pequena equipe de baianas que vendia doces e quitutes, e se tornou uma das principais lideranças dos afrodescendentes no Rio de Janeiro.

Em sua casa na Praça Onze, Tia Ciata promovia festas às quais compareciam pessoas de diferentes culturas e classes sociais. Dessas festas, participavam músicos e compositores, como Alfredo da Rocha Vianna, o Pixinguinha (1897-1973), Ernesto Joaquim Maria dos Santos, conhecido como Donga (1890-1974), João Machado Guedes, o João da Baiana (1887-1974), Mauro de Almeida (1882-1956) e Heitor dos Prazeres (1898-1966), que também era artista plástico.

Pixinguinha tocando saxofone em festival de música realizado em São Paulo (SP), em 1955. Além de compositor, Pixinguinha foi um importante instrumentista.

Os primeiros sambas gravados

A primeira música classificada como samba e lançada em disco foi composta na casa de Tia Ciata por Donga e Mauro de Almeida, em 1916. Com o nome "Pelo telefone", a canção foi gravada em 1917. Acredita-se que, além de Donga e Mauro de Almeida, outros sambistas tenham participado da composição da música. Alguns sambistas da época chegaram a acusar Donga de se apropriar indevidamente de uma composição coletiva (de vários autores). De qualquer maneira, graças à popularidade da canção, o termo "samba" se difundiu rapidamente, tornando-se, em algumas décadas, símbolo da música popular brasileira.

Selo de disco com gravação do samba "Pelo telefone".

Donga no Rio de Janeiro (RJ), em 1971.

Com a popularidade do samba, vários artistas do Rio de Janeiro tornaram-se conhecidos em todo o Brasil. Um deles foi José Barbosa da Silva (1888-1930), conhecido como Sinhô. Na década de 1920, Sinhô compôs sambas de muito sucesso, como "Jura" e "Gosto que me enrosco". Por essas e várias outras composições, Sinhô recebeu o título de "Rei do Samba". Ouça, na faixa 16 do CD, a canção "Jura", e acompanhe a letra a seguir.

Jura

"Jura, jura
Jura pelo Senhor
Jura pela imagem
Da Santa Cruz do Redentor
Pra ter valor a tua jura
Jura, jura
De coração
Para que um dia

Eu possa dar-te o meu amor
Sem mais pensar na ilusão
Daí então
Dar-te eu irei
O beijo puro na catedral do amor
Dos sonhos meus
Bem junto aos teus
Para fugir das aflições da dor."

SINHÔ. Jura. Em: PAGODINHO, Zeca. *Juras de amor*. Rio de Janeiro: Universal, 2000. Faixa 1.

Retrato de Sinhô, de local e data desconhecidos.

Atividade

- O que você mais gostou na canção "Jura"? Comente com os colegas.

TEMA 2

As escolas de samba

Os desfiles de escolas de samba são espetáculos repletos de beleza e grandiosidade.

A origem

No início do século XX, o centro do Rio de Janeiro passou por uma série de reformas urbanas, com a demolição de antigos prédios e o alargamento de avenidas. Com essas reformas, a população mais pobre, expulsa da região central, foi obrigada a erguer barracos nos morros próximos ou deslocar-se para áreas distantes do centro. Naquela época, o cenário da cidade obteve a configuração que se mantém até hoje: passou a ser composto de alguns bairros muito ricos, sobretudo no centro e na zona sul, e de grandes grupos de moradias precárias nos morros: as favelas.

Nos bairros pobres, viviam muitos músicos que ajudaram a consolidar o samba urbano carioca, iniciado nas festas promovidas pelas "tias baianas". No bairro conhecido por Estácio, por exemplo, viviam os sambistas que, em 1928, fundaram o bloco "Deixa Falar", considerado, mais tarde, a primeira **escola de samba** do Brasil.

Acredita-se que o nome "escola de samba" deva-se ao fato de a sede do bloco "Deixa Falar" funcionar perto de uma escola no bairro do Estácio. Os sambistas que frequentavam o local diziam que ali também funcionaria uma escola, mas uma "escola de samba".

Desfile de Carnaval no Rio de Janeiro no início do século XX. Fotografia de Augusto Malta. Museu da Imagem e do Som (MIS), Rio de Janeiro (RJ).

O Sambódromo

Com a fundação da "Deixa Falar", em pouco tempo, diversas outras escolas de samba foram fundadas, como as dos morros da Mangueira e do Salgueiro. Anos depois, começou a competição entre elas, disputada na Praça Onze. Como os desfiles atraíam um grande público, foram oficializados pela prefeitura do Rio de Janeiro em 1935. Os desfiles cresceram, o número de escolas de samba aumentou e o Carnaval passou a ser realizado em uma grande avenida da cidade, a Rio Branco.

Inaugurado em 1984, o Sambódromo foi projetado pelo arquiteto Oscar Niemeyer (1907-2012). Nesta foto vemos o desfile da escola de samba Acadêmicos do Salgueiro, em 2013.

Atualmente, uma vez por ano, no Carnaval, as escolas de samba do Rio de Janeiro participam de um campeonato na Passarela Professor Darcy Ribeiro, popularmente conhecida como **Sambódromo**. Nesse campeonato são considerados vários aspectos do desfile das escolas, como a forma de apresentação do tema escolhido e a beleza das fantasias.

Embora tenham começado no Carnaval carioca, desfiles e concursos de escolas de samba são promovidos em várias cidades brasileiras.

De olho na imagem
Conheça mais alegorias de Carnaval.

Uma "ópera" popular

Muitos comparam os desfiles de escola de samba aos grandes espetáculos de "ópera". Nessa comparação com a ópera, no Carnaval o libreto seria o **enredo** (o tema a ser apresentado no desfile) e a orquestra seria a **bateria** (conjunto de instrumentos de percussão que acompanha o desfile).

Os desfiles de Carnaval, assim como as óperas, reúnem elementos de diferentes linguagens. O conhecimento de técnicas relacionadas às artes visuais, como a pintura e a escultura, por exemplo, é fundamental para a produção de elementos que compõem um desfile de Carnaval, como os **carros alegóricos** e as **fantasias**.

Os carros alegóricos são grandes cenários móveis montados sobre estruturas de caminhões ou ônibus. Fazem parte desses cenários diversos elementos visuais, como móveis, objetos e esculturas, que representam trechos ou elementos do enredo escolhido. Além dos elementos visuais, os carros alegóricos transportam alguns integrantes da escola.

As fantasias, ou seja, as vestimentas que os integrantes da escola usam, equivalem ao figurino do teatro e auxiliam no desenvolvimento do enredo escolhido pela escola.

O profissional responsável por transformar a ideia de um enredo em um desfile é o **carnavalesco**.

Carro alegórico em desfile da escola de samba Acadêmicos do Grande Rio, em 2010.

Integrantes da escola de samba Portela em desfile de 2009.

A música nos desfiles de escola de samba

O **samba-enredo** é a música composta para contar a história escolhida pela escola de samba. Os **intérpretes** são os responsáveis por apresentar o samba-enredo durante toda a apresentação da escola. Eles são popularmente chamados de "puxadores", pois cabe a eles animar os integrantes da escola para que cantem o samba-enredo.

A bateria é outro elemento musical fundamental nos desfiles de escolas de samba. Responsável por manter o ritmo do desfile, é considerada o "coração" de uma escola de samba. Entre os instrumentos que compõem uma bateria destacam-se o chocalho, a cuíca, o agogô, o tamborim, a caixa, o repique, o atabaque e diversos tipos de surdo. Ouça, na faixa 17 do CD, o som de cada um dos instrumentos da bateria e a apresentação de uma bateria completa.

Assim como nas orquestras, as baterias têm um regente: o diretor de bateria, também chamado de **mestre de bateria**.

Um dos mais importantes intérpretes de samba-enredo do Carnaval carioca foi o cantor e compositor Jamelão, apelido de José Bispo Clementino dos Santos (1913-2008). Integrante da escola de samba Estação Primeira de Mangueira durante décadas, ele é considerado um dos mais importantes sambistas brasileiros. Foto de 1987.

O mestre de bateria, em geral, usa um apito para reger os ritmistas. Mestre Ciça, da escola de samba Unidos do Viradouro, no desfile de 2009.

Atividade prática

- Forme um grupo com quatro colegas e escolham um tema para criar um samba-enredo. Façam uma pesquisa a respeito do tema escolhido, pois o samba-enredo criado por vocês deverá apresentar detalhes desse tema. Para acompanhar a apresentação da canção criada por vocês, utilizem como instrumentos de percussão tampas de panela, latas e garrafas plásticas, entre outros materiais. No dia agendado pelo professor, apresentem seu samba-enredo aos colegas e assistam às produções dos outros grupos.

Atividade

- Após ouvir um trecho de um samba-enredo na faixa 18 do CD, responda: qual é a história contada por essa canção? Você gostou? Comente com os colegas.

Comissão de frente da escola de samba Unidos de Vila Isabel, no Rio de Janeiro (RJ), 2010.

O teatro e a dança

O desfile de uma escola de samba lembra uma grande apresentação teatral, na qual "atores" e "atrizes" cantam e encenam uma história para o público, que acompanha, das arquibancadas, o espetáculo. Elementos cênicos, como as expressões corporais e faciais, ocupam cada vez mais espaço nos desfiles de escolas de samba. Os membros das **comissões de frente** (grupos que vão à frente da escola, abrindo o desfile), por exemplo, especializam-se cada vez mais na encenação de histórias, em apresentações que reúnem elementos do teatro e da dança.

A dança também está presente na apresentação das alas, muitas vezes coreografadas, dos **passistas** e nas exibições do **mestre-sala** e da **porta-bandeira**. Cabe à porta-bandeira levar o estandarte, espécie de bandeira que simboliza a escola.

Na foto ao lado, vemos a comissão de frente da escola de samba Unidos de Vila Isabel, em 2010. Naquele ano, a escola homenageou o cantor e compositor Noel Rosa (1910-1937), e a comissão de frente representou os sambistas cariocas.

> **Para saber mais**
> Como dançar samba.

As coreografias das comissões de frente

Os integrantes das comissões de frente das escolas de samba são orientados, em seus ensaios, por coreógrafos e bailarinos. Esses profissionais são responsáveis por criar uma coreografia que ajude a escola a contar o enredo escolhido. Carlinhos de Jesus (1953-) e Deborah Colker (1960-) são exemplos de coreógrafos que trabalham com comissões de frente há muitos anos.

Casal mestre-sala e porta-bandeira da escola de samba Acadêmicos da Rocinha em desfile de 2014.

Atividade prática

- Você sabe dançar samba? Junte-se aos colegas de classe para arriscar alguns passos dessa dança. Seguindo as orientações do professor, formem um círculo e, livremente, criem movimentos e passos para acompanhar o samba-enredo que se encontra na faixa 18 do CD. Ao final, conversem sobre essa experiência.

Censura no Carnaval

Em 1989, um ato de censura marcou o Carnaval carioca. Naquele ano, foi proibida a apresentação de uma das alegorias produzidas pelo carnavalesco João Clemente Jorge Trinta (1933-2011), o Joãosinho Trinta, no desfile da escola de samba Beija-Flor de Nilópolis. A proibição fora determinada pela Justiça em decorrência de uma solicitação de representantes da Igreja Católica, que julgaram ofensivo o fato de a referida alegoria apresentar a imagem do Cristo Redentor vestido com trapos, como se fosse um mendigo.

Destaque do desfile da Beija-Flor de Nilópolis, em, 1989.

Com essa proibição, o carnavalesco decidiu levar para o desfile a alegoria coberta por uma lona escura, com uma faixa com os dizeres: "Mesmo proibido, olhai por nós!" – veja a foto reproduzida nesta página.

A imagem da alegoria coberta pela lona foi reproduzida em jornais, em revistas e na televisão, e tornou-se um símbolo da luta contra a censura. A partir desse desfile, Joãosinho Trinta, que já era um dos mais famosos e vitoriosos carnavalescos do Brasil, ganhou ainda mais reconhecimento por sua criatividade e ousadia.

Atividade

- Qual é sua opinião sobre a censura? Registre suas conclusões no caderno e, depois, apresente-as aos demais colegas. A seguir, debatam o assunto.

DE OLHO NO TEXTO

"O povo gosta de luxo. Quem gosta de miséria é intelectual"

"O carnavalesco Joãosinho Trinta gostava de luxo em suas criações, mas também criou polêmica na Passarela do Samba, no Rio. João Clemente Jorge Trinta nasceu em São Luís, no dia 23 de novembro de 1933. De família pobre, desde cedo construiu seus brinquedos. Até os 18 anos, viveu na capital maranhense, onde trabalhou como escriturário. Em 1951, deixou o Maranhão e foi para o Rio de Janeiro, para dedicar-se à dança no Teatro Municipal.

Fez parte do corpo de baile durante 25 anos, participando de montagens de óperas e balés. A carreira de carnavalesco de Joãosinho Trinta começou como assistente na Escola de Samba Acadêmicos do Salgueiro, em 1963. Dez anos depois, já era o titular. Ganhou o bicampeonato em 1974 e em 1975 com os enredos *O Rei da França na Ilha da Assombração* e *O Segredo das Minas do Rei Salomão*.

Em 1976, foi para a Beija-Flor de Nilópolis, onde ganhou os títulos de 1976, 1977, 1978, 1980 e 1983. Uma das marcas do carnavalesco era o luxo e a riqueza na avenida. Criticado por ter essa postura, é dele a célebre frase: 'O povo gosta de luxo. Quem gosta de miséria é intelectual'.

Em 1989, levou para a avenida o enredo *Ratos e Urubus, Larguem a Minha Fantasia*. Com a imagem de Jesus Cristo mendigo, Joãosinho Trinta entrou em choque com a Igreja Católica. A imagem foi censurada e passou pela Marquês de Sapucaí coberta. [...]"

CHAIBER, Renata. Joãosinho Trinta criou polêmicas na passarela do samba. *Agência Brasil*. Brasília, 17 dez. 2011. Disponível em: <http://agenciabrasil.ebc.com.br/noticia/2011-12-17/joaosinho-trinta-criou-polemicas-na-passarela-do-samba>. Acesso em: 30 out. 2014.

Joãosinho Trinta foi homenageado em 2011, ano de sua morte, no desfile da escola de samba Beija-Flor. Naquele ano, a escola representou o carnavalesco em uma reprodução da polêmica alegoria criada por ele em 1989.

Questões

1. Por que os carnavalescos são considerados artistas? Como podemos identificar a arte no trabalho deles?

2. Qual é sua opinião sobre esta afirmação de Joãosinho Trinta: "O povo gosta de luxo. Quem gosta de miséria é intelectual"?

INDICAÇÕES

Para acessar

- **Chiquinha Gonzaga.** Disponível em: <http://chiquinhagonzaga.com/wp>. Acesso em: 27 ago. 2014.

  No *site* dedicado a Chiquinha Gonzaga, é possível encontrar informações sobre a história e obra da musicista, autora da canção *O abre alas*, considerada uma das primeiras marchinhas do Carnaval carioca.

- **Dicionário Cravo Albin da Música Popular Brasileira – Pixinguinha.** Disponível em: <www.dicionariompb.com.br/pixinguinha>. Acesso em: 13 jan. 2015.

  Nesse *link*, é possível encontrar informações sobre a vida e a obra de Pixinguinha.

- **Dossiê Iphan 4 – Samba de roda do Recôncavo Baiano.** Disponível em: <http://portal.iphan.gov.br/portal/baixaFcdAnexo.do?id=723>. Acesso em: 8 dez. 2014.

  Nesse *link*, é possível acessar um dossiê com informações completas sobre o processo de reconhecimento do samba de roda do Recôncavo Baiano como parte integrante do patrimônio cultural brasileiro.

- **Iphan – Dossiê das matrizes do samba no Rio de Janeiro.** Disponível em: <www.iphan.gov.br/baixaFcdAnexo.do?id=3962>. Acesso em: 8 dez. 2014.

  Nesse *link*, é possível obter informações sobre a história do samba no Rio de Janeiro, com destaque para o partido-alto, o samba de terreiro e o samba-enredo, variações características do samba carioca.

- **Mariene de Castro sobre Dona Edith do prato.** Disponível em: <www.youtube.com/watch?v=d1F2RPoAC3c>. Acesso em: 8 dez. 2014.

  Nesse *link*, é possível assistir a uma entrevista em que a cantora e compositora Mariene de Castro fala a respeito da influência da obra de Edith do Prato sobre sua produção. O vídeo também contém uma apresentação de Mariene de Castro.

Para acessar e visitar

- **Museu do samba**

  Endereço virtual: <www.museudosamba.org.br>. Acesso em: 8 dez. 2014.

  Endereço físico: Rua Visconde de Niterói, 1296. Mangueira. Rio de Janeiro (RJ). CEP: 20943-001.

  Instalado na Mangueira, uma das comunidades mais tradicionais do Rio de Janeiro, o Museu do Samba faz parte do Centro Cultural Cartola, instituição cultural fundada em 2001.

Para ler

- ***Pixinguinha***, de André Diniz e Juliana Lins. São Paulo: Moderna, 2002. (Coleção Mestres da música no Brasil).

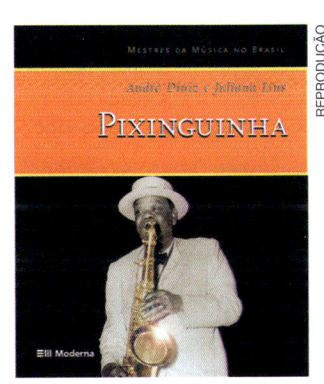

  O livro traz informações sobre a vida e a obra do compositor, regente e orquestrador brasileiro Alfredo da Rocha Vianna Filho, o Pixinguinha. Autor de choros, frevos, sambas e valsas, Pixinguinha compôs "Carinhoso", uma das melodias mais importantes e conhecidas da Música Popular Brasileira.

Para ouvir

- ***Dona Edith do Prato:* as vozes da purificação**, de Edith do Prato. Biscoito Fino, 2003.

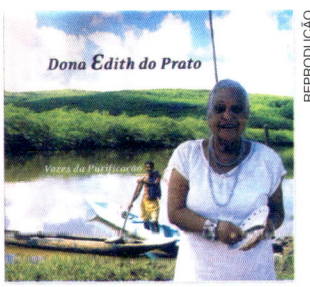

  Nesse álbum, Edith do Prato gravou canções tradicionais do samba de roda do Recôncavo Baiano, como "Marinheiro só", "Minha senhora" e "Dona de casa".

- ***Ser de luz:* uma homenagem a Clara Nunes**, de Mariene de Castro. Universal, 2012.

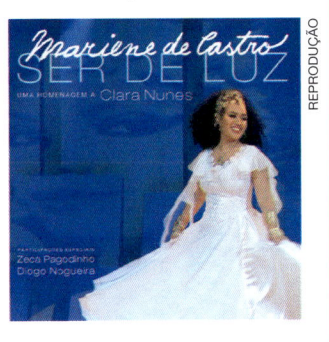

  Nesse CD, Mariene de Castro faz uma homenagem a Clara Nunes, uma das mais importantes sambistas brasileiras. Entre as canções gravadas por Mariene de Castro nesse CD estão sucessos como "Morena de Angola" e "Conto de areia".

REFERÊNCIAS BIBLIOGRÁFICAS

ANDRADE, Mário de. *Pequena história da música*. 8. ed. São Paulo: Martins, 1977.

ARGAN, Giulio C. *Arte moderna*. São Paulo: Companhia das Letras, 1992.

BERTAZZO, Ivaldo. *Cidadão corpo*: identidade e autonomia do movimento. São Paulo: Summus, 1998.

BERTHOLD, Margot. *História mundial do teatro*. 2. ed. São Paulo: Perspectiva, 2004.

BEUQUE, Jacques van de. *Arte popular brasileira*. São Paulo: Câmara Brasileira do Livro, 1994.

CAUQUELIN, Anne. *Arte contemporânea*: uma introdução. Tradução Rejane Janowitzer. São Paulo: Martins, 2005. (Coleção Todas as artes).

COSTA, Cristina. *Questões de arte*: o belo, a percepção estética e o fazer artístico. 2. ed. reform. São Paulo: Moderna, 2004.

DECKERT, Marta. *Educação musical*: da teoria à prática na sala de aula. São Paulo: Moderna, 2012.

FARIA, João Roberto; GUINSBURG, Jacó; LIMA, Mariangela Alves de (Orgs.). *Dicionário do teatro brasileiro*. São Paulo: Perspectiva, 2009.

FARIAS, Agnaldo. *Arte brasileira hoje*. São Paulo: Publifolha, 2002. (Coleção Folha Explica).

FUX, Maria. *Dança*: experiência de vida. São Paulo: Summus, 1983.

GOMBRICH, E. H. *A história da arte*. 15. ed. Tradução Álvaro Cabral. Rio de Janeiro: Guanabara, 1993.

_____. *Arte e ilusão*: um estudo da psicologia da representação pictórica. São Paulo: Martins Fontes, 1984.

GONÇALVES, L. A. Oliveira; SILVA, P. B. G. *O jogo das diferenças*: o multiculturalismo e seus contextos. Belo Horizonte: Autêntica, 1998.

HAUSER, Arnold. *História social da literatura e da arte*. Tradução Walter H. Geenen. São Paulo: Mestre Jou, 1980-1982. Volume 1. 4. ed., 1980. Volume 2. 3. ed., 1982.

JANSON, H. W. *História da arte*. Tradução J. A. Ferreira de Almeida, Maria Manuela Rocheta Santos. Colaboração Jacinta Maria Matos. 5. ed. São Paulo: Martins Fontes, 1992.

KOUDELA, Ingrid Dormien. *Jogos teatrais*. 7. ed. São Paulo: Perspectiva, 2011. (Debates Teatro).

LABAN, Rudolf. *Dança educativa moderna*. Tradução Maria da Conceição Parayba Campos. São Paulo: Ícone, 1990.

MARCONDES, Marcos Antônio (Org.). *Enciclopédia da música brasileira*: erudita, folclórica e popular. 2. ed. São Paulo: Art Editora, 1998.

MARQUES, Isabel. *Ensino de dança hoje*. São Paulo: Cortez, 1999.

MORAES FILHO, Melo. *Festas e tradições populares do Brasil*. Belo Horizonte: Itatiaia, 1999.

OSTROWER, Fayga. *Universo da arte*. 9. ed. Rio de Janeiro: Campus, 1996.

PAVIS, Patrice. *Diccionario del teatro*: dramaturgia, estética, semiología. Barcelona: Paidós, 1998.

PEDROSA, Israel. *Da cor à cor inexistente*. 9. ed. Rio de Janeiro: Léo Christiano Editorial Ltda., 2003.

PROENÇA, Graça. *História da arte*. 16. ed. São Paulo: Ática, 2005.

READ, Hebert. *O sentido da arte*. São Paulo: Ibrasa, 1987.

RODRIGUES, A.; FERNANDES, J. N.; NOGUEIRA, M. (Orgs.). *Música na escola*: o uso da voz. Rio de Janeiro: Conservatório Brasileiro de Música, 2000.

SADIE, Stanley (Ed.). *Dicionário Grove de música*. Tradução Eduardo Francisco Alves. Rio de Janeiro: Jorge Zahar, 1994.

SOUZA, Marina de Mello e. *África e Brasil africano*. São Paulo: Ática, 2006.

SPOLIN, Viola. *Improvisação para o teatro*. Tradução Ingrid Dormien Koudela e Eduardo José de Almeida Amos. São Paulo: Perspectiva-Secretaria da Cultura, Ciência e Tecnologia do Estado de São Paulo, 1979.

TATIT, Ana; MACHADO, Maria Silvia M. *300 propostas de artes visuais*. 3. ed. São Paulo: Edições Loyola, 2003.

TELES, Gilberto Mendonça. *Vanguarda europeia e modernismo brasileiro*: apresentação crítica dos principais manifestos, prefácios e conferências vanguardistas, de 1857 até hoje. Petrópolis: Vozes, 1972. (Vozes do Mundo Moderno).

TINHORÃO, José Ramos. *Pequena história da música popular*: da modinha à lambada. 6. ed. rev. aum. São Paulo: Art, 1991.

WÖLFFLIN, Henrich. *Conceitos fundamentais da história da arte*. São Paulo: Martins Fontes, 1984.

Hábitos da mente

MODERNA

ARARIBÁ PLUS

Os Hábitos da mente são atitudes ou comportamentos que nos ajudam a resolver as tarefas que surgem todos os dias, desde as mais simples até as mais desafiadoras. São comportamentos de pessoas capazes de resolver problemas, de tomar decisões conscientes, de fazer as perguntas certas, de se relacionar bem com os outros e de pensar de forma criativa e inovadora.

Os Hábitos da mente que apresentamos a seguir vão ajudá-lo a estudar os conteúdos e a resolver as atividades deste livro, incluindo as que parecem difíceis demais em um primeiro momento.

Toda tarefa pode ser uma grande aventura!

CONTROLAR A IMPULSIVIDADE

Quando nos fazem uma pergunta ou colocam um problema para resolver, é comum darmos a primeira resposta que vem à cabeça. Comum, mas imprudente.

Para diminuir a chance de erros e de frustrações, antes de agir devemos considerar as alternativas e as consequências das diferentes formas de chegar à resposta. Devemos coletar informações, refletir sobre a resposta que queremos dar, entender bem as indicações de uma atividade e ouvir pontos de vista diferentes dos nossos.

Essas atitudes também nos ajudarão a controlar aquele impulso de desistir ou de fazer qualquer outra coisa para não termos que resolver o problema naquele momento. Controlar a impulsividade nos permite formar uma ideia do todo antes de começar, diminuindo os resultados inesperados ao longo do caminho.

PERSISTIR

Muitas pessoas confundem persistência com insistência, que significa ficar tentando e tentando e tentando, sem desistir. Mas a persistência não é isso! Persistir significa buscar estratégias diferentes para conquistar um objetivo.

Antes de desistir por achar que não consegue completar uma tarefa, que tal tentar uma alternativa diferente?

Algumas pessoas acham que atletas, estudantes e profissionais bem-sucedidos nasceram com um talento natural ou com a habilidade necessária para vencer. Ora, ninguém nasce um craque no futebol ou fazendo cálculos ou sabendo tomar todas as decisões certas. O sucesso muitas vezes só vem depois de muitos erros e muitas derrotas. A maioria dos casos de sucesso é resultado de foco e esforço.

Se uma forma não funcionar, busque outro caminho. Você vai perceber que desenvolver estratégias diferentes para resolver um desafio vai ajudá-lo a atingir os seus objetivos.

PENSAR COM FLEXIBILIDADE

Você conhece alguém que tem dificuldade de considerar diferentes pontos de vista? Ou alguém que acha que a própria forma de pensar é a melhor ou a única que existe? Essas pessoas têm dificuldade de pensar de maneira flexível, de se adaptar a novas situações e de aprender com os outros.

Quanto maior for a sua capacidade de ajustar o seu pensamento e mudar de opinião à medida que recebe uma nova informação, mais facilidade você terá para lidar com situações inesperadas ou problemas que poderiam ser, de outra forma, difíceis de resolver.

Pensadores flexíveis têm a capacidade de enxergar o todo, ou seja, têm uma visão ampla da situação e, por isso, não precisam ter todas as informações para entender ou solucionar uma questão. Pessoas que pensam com flexibilidade conhecem muitas formas diferentes de resolver problemas.

ESCUTAR OS OUTROS COM ATENÇÃO E EMPATIA

Você já percebeu o quanto pode aprender quando presta atenção ao que uma pessoa diz? Às vezes recebemos importantes dicas para resolver alguma questão. Outras vezes, temos grandes ideias quando ouvimos alguém ou notamos uma atitude ou um aspecto do seu comportamento que não teríamos percebido se não estivéssemos atentos.

Escutar os outros com atenção significa manter-nos atentos ao que a pessoa está falando, sem estar apenas esperando que pare de falar para que possamos dar a nossa opinião. E empatia significa perceber o outro, colocar-se no seu lugar, procurando entender de verdade o que está sentindo ou por que pensa de determinada maneira.

Podemos aprender muito quando realmente escutamos uma pessoa. Além do mais, para nos relacionar bem com os outros — e sabemos o quanto isso é importante —, precisamos prestar atenção aos seus sentimentos e às suas opiniões, como gostamos que façam conosco.

ESFORÇAR-SE POR EXATIDÃO E PRECISÃO

Para que o nosso trabalho seja respeitado, é importante demonstrar compromisso com a qualidade do que fazemos. Isso significa conhecer os pontos que devemos seguir, coletar os dados necessários para oferecer a informação correta, revisar o que fazemos e cuidar da aparência do que apresentamos.

Não basta responder corretamente; é preciso comunicar essa resposta de forma que quem vai receber e até avaliar o nosso trabalho não apenas seja capaz de entendê-lo, mas, também, que se sinta interessado em saber o que temos a dizer.

Quanto mais estudamos um tema e nos dedicamos a superar as nossas capacidades, mais dominamos o assunto e, consequentemente, mais seguros nos sentimos em relação ao que produzimos.

QUESTIONAR E LEVANTAR PROBLEMAS

Não são as respostas que movem o mundo, são as perguntas.

Só podemos inovar ou mudar o rumo da nossa vida quando percebemos os padrões, as incongruências, os fenômenos ao nosso redor e buscamos os seus porquês.

E não precisa ser um gênio para isso, não! As pequenas conquistas que levaram a grandes avanços foram — e continuam sendo — feitas por pessoas de todas as épocas, todos os lugares, todas as crenças, os gêneros, as cores e as culturas. Pessoas como você, que olharam para o lado ou para o céu, ouviram uma história ou prestaram atenção em alguém, perceberam algo diferente, ou sempre igual, na sua vida e fizeram perguntas do tipo "Por que será?" ou "E se fosse diferente?".

Como a vida começou? E se a Terra não fosse o centro do universo? E se houvesse outras terras do outro lado do oceano? Por que as mulheres não podem votar? E se o petróleo acabasse? E se as pessoas pudessem voar? Como será a Lua?

E se...? (Olhe ao seu redor e termine a pergunta!)

ASSUMIR RISCOS COM RESPONSABILIDADE

Todos nós conhecemos pessoas que têm medo de tentar algo diferente. Às vezes, nós mesmos acabamos escolhendo a opção mais fácil por medo de errar ou de parecer tolos, não é mesmo? Sabe o que nos falta nesses momentos? Informação!

Tentar um caminho diferente pode ser muito enriquecedor. Para isso, é importante pesquisar sobre os resultados possíveis ou os mais prováveis de uma decisão e avaliar as suas consequências, ou seja, os seus impactos na nossa vida e na de outras pessoas.

Informar-nos sobre as possibilidades e as consequências de uma escolha reduz a chance do "inesperado" e nos deixa mais seguros e confiantes para fazer algo novo e, assim, explorar as nossas capacidades.

PENSAR E COMUNICAR-SE COM CLAREZA

Pensamento e comunicação são inseparáveis. Quando as ideias estão claras em nossa mente, podemos nos comunicar com clareza, ou seja, as pessoas nos entendem melhor.

Por isso, é importante empregar os termos corretos e mais adequados sobre um assunto, evitando generalizações, omissões ou distorções de informação. Também devemos reforçar o que afirmamos com explicações, comparações, analogias e dados.

A preocupação com a comunicação clara, que começa na organização do nosso pensamento, aumenta a nossa habilidade de fazer críticas tanto sobre o que lemos, vemos ou ouvimos, quanto em relação às falhas na nossa própria compreensão, e poder, assim, corrigi-las. Esse conhecimento é a base para uma ação segura e consciente.

APLICAR CONHECIMENTOS PRÉVIOS A NOVAS SITUAÇÕES

Esta é a grande função do estudo e da aprendizagem: sermos capazes de aplicar o que sabemos fora da sala de aula. E isso não depende apenas do seu livro, da sua escola ou do seu professor; depende da sua atitude também!

Você deve buscar relacionar o que vê, lê e ouve aos conhecimentos que já tem. Todos nós aprendemos com a experiência, mas nem todos percebem isso com tanta facilidade.

Devemos usar os conhecimentos e as experiências que vamos adquirindo dentro e fora da escola como fontes de dados para apoiar as nossas ideias, para prever, entender e explicar teorias ou etapas para resolver cada novo desafio.

Estes são 9 dos 16 Hábitos da mente descritos pelos autores Arthur L. Costa e Bena Kallick em seu livro *Learning and leading with habits of mind: 16 characteristics for success*.

Acesse www.moderna.com.br/arariba para conhecer mais sobre os Hábitos da mente.

CHECKLIST PARA MONITORAR O SEU DESEMPENHO

Copie o quadro abaixo em seu caderno, um para cada mês de estudo. Preencha-o ao final de cada mês para avaliar o seu desempenho na aplicação dos Hábitos da mente, para cumprir as suas tarefas nesta disciplina. Em *Observações pessoais*, faça anotações e sugestões de atitudes a serem tomadas para melhorar o seu desempenho no mês seguinte.

Classifique o seu desempenho de 1 a 10, sendo 1 o nível mais fraco de desempenho, e 10, o domínio do Hábito da mente.

Hábitos da mente	Neste mês eu...	Desempenho	Observações pessoais
Controlar a impulsividade	Pensei antes de dar uma resposta qualquer. Refleti sobre os caminhos a escolher para cumprir minhas tarefas.		
Persistir	Não desisti. Busquei diferentes alternativas para resolver as questões quando as tentativas anteriores não deram certo.		
Pensar com flexibilidade	Considerei diferentes possibilidades para chegar às respostas.		
Escutar os outros com atenção e empatia	Levei em conta as opiniões e os sentimentos dos demais para resolver as tarefas.		
Esforçar-se por exatidão e precisão	Conferi os dados, revisei as informações e cuidei da apresentação estética dos meus trabalhos.		
Questionar e levantar problemas	Fiquei atento ao meu redor, de olhos e ouvidos abertos. Questionei o que não entendi e busquei problemas para resolver.		
Assumir riscos com responsabilidade	Quando tive que fazer algo novo, busquei informação sobre possíveis consequências para tomar decisões com mais segurança.		
Pensar e comunicar-se com clareza	Organizei meus pensamentos e me comuniquei com clareza, usando os termos e os dados adequados. Procurei dar exemplos para facilitar as minhas explicações.		
Aplicar conhecimentos prévios a novas situações	Usei o que já sabia para me ajudar a resolver problemas novos. Associei as novas informações a conhecimentos que eu havia adquirido de situações anteriores.		